高潮差环境下深水基础施工关键技术

林达明　苏碧第　林志平　张建忠　等　著

人民交通出版社

北　京

内 容 提 要

本书以东吾洋特大桥建设为依托,详细阐述了高潮差环境下深水基础施工的关键技术,内容包括:绪论、大直径钢护筒低噪施工关键技术、深海养殖区施工水下噪声控制试验、钢栈桥施工工艺与受力响应规律、海上独立施工平台关键技术、深水超大直径桩基检测技术、跨海桥梁桥墩病变检测技术等。

本书可供从事跨海桥梁基础建设的设计、施工人员借鉴,也可供相关专业的院校师生学习参考。

图书在版编目(CIP)数据

高潮差环境下深水基础施工关键技术 / 林达明等著.
北京：人民交通出版社股份有限公司, 2025.5.
ISBN 978-7-114-20038-0
Ⅰ. U443.15
中国国家版本馆 CIP 数据核字第 2025EQ9879 号

Gao Chaocha Huanjing Xia Shenshui Jichu Shigong Guanjian Jishu

书　　名：	高潮差环境下深水基础施工关键技术
著 作 者：	林达明　苏碧第　林志平　张建忠　等
责任编辑：	石　遥　李　农
责任校对：	卢　弦
责任印制：	张　凯
出版发行：	人民交通出版社
地　　址：	(100011)北京市朝阳区安定门外外馆斜街 3 号
网　　址：	http://www.ccpcl.com.cn
销售电话：	(010)85285857
总 经 销：	人民交通出版社发行部
经　　销：	各地新华书店
印　　刷：	北京市密东印刷有限公司
开　　本：	787×1092　1/16
印　　张：	11.75
字　　数：	258 千
版　　次：	2025 年 5 月　第 1 版
印　　次：	2025 年 5 月　第 1 次印刷
书　　号：	ISBN 978-7-114-20038-0
定　　价：	95.00 元

(有印刷、装订质量问题的图书,由本社负责调换)

本书主要作者

林达明　苏碧第　林志平　张建忠

邱树茂　乔　伟　黄善明　唐左平

张学鑫　郑孝炼　姜雪亮　王　臻

陈　雄　刘康照　孙毅翔　唐振宇

郝立林　陈真桂　甄志锋　余支福

FOREWORD | 序

改革开放 40 多年来,在科技创新的推动下,我国桥梁发展经历了学习追赶、紧跟提高、创新超越的不平凡历程,在材料技术、勘察设计、施工建造、管养技术等方面取得了长足的进步,陆续建成了一大批具有重要影响力的世界级工程。截至 2023 年底,我国公路桥梁已达 107.93 万座,在斜拉桥、悬索桥、拱桥、梁桥等世界各类桥型的前十大排名中,中国桥梁均占据了半数以上。"中国桥"已经成为我国在国际舞台上熠熠生辉的国家名片。

跨海桥梁作为沟通两岸重要交通的纽带,在交通基础设施建设中的地位日益突显。G1514 宁德至上饶国家高速公路福建省霞浦至福安段,入选第一批交通运输部平安百年品质工程创建示范项目,其中通过的东吾洋海域最大潮差超过 8m,年平均大风日 141d,海域地质条件复杂,地形起伏较大,部分海床为倾斜岩面,基本无覆盖层。如何保证东吾洋大桥特有的 4.4m 超大桩径、144m 超长桩基的施工安全和施工质量是宁上高速公路建设的重点和难点,也是把宁上高速公路打造成"品质安全、智慧绿色"的山海高速公路新示范工程,实现"高潮差强风深水环境下基础品质精造与沿海高速公路创新融合技术"成为行业典范的关键所在。

面对东吾洋特大桥复杂的海域和深海养殖区施工过程遇到的各种技术难题,课题组相关研究成员长期驻扎在现场,通过现场调研实验、室内试验、数值模拟、理论分析等手段,针对东吾洋特大桥工程中的高潮差环境下深水基础施工难点,开展了大直径钢护筒降噪施工关键技术、深海养殖区施工水下噪声控制试验、钢栈桥施工工艺与受力响应规律、海上独立施工平台关键技术、深水超大直径桩基检测技术和跨海桥梁桥墩病变检测技术等六大课题的研究,取得了丰硕的成果,这些成果在理论、技术、工艺等方面都有一定的新意。

本书就是这些成果的系统呈现,内容丰富,图文并茂,立足工程实际,具有很强的实用性和指导性，对于推动我国高潮差环境下深水基础关键施工技术的发展具有现实意义，值得桥梁工作者参阅借鉴。我相信本书的出版将会有效促进海洋工程地质与桥梁深水基础施工的技术进步，在此谨对本书的出版表示祝贺！

当前，我国已经迈上全面建设社会主义现代化强国的新征程，中国的桥梁事业正处于创新与超越的大发展时代。随着国家综合立体交通网的加快建设，我国公路网建设快速向外海和复杂高海拔山区推进，桥梁的建设难度将不断增大，同时，还要面临世界最大规模桥梁群带来的巨大管养需求。我们必须在桥梁标准化、工业化、智能化、绿色化等领域开展全方位的基础研发和实践应用，完整、准确、全面贯彻新发展理念，在桥梁的安全性、经济性、耐久性上狠下功夫，注重建设与养护并重，努力实现由桥梁大国向桥梁强国的历史跨越。

交通运输部原总工程师

2025 年 4 月 25 日

PREFACE 前言

交通运输行业作为国民经济的重要组成部分,肩负着中国式现代化开路先锋的使命。当前,公路工程建设已进入高质量发展阶段,一批高速公路工程涉及跨海桥梁工程。桥梁基础建设面临深水、强风、巨浪、海流等恶劣海洋环境的严峻挑战。尤其是跨海特大型桥梁,建设难度和技术复杂性更是前所未有。

深水基础施工是沿海高速公路建设关键环节之一。深水基础施工是指在水深超过50m的海域中进行的基础施工,具有作业难度大、技术要求高、安全风险高等特点。高潮差环境下深水基础施工更是难上加难。潮差越大,潮汐影响越明显,对深水基础施工的影响也就越大。

东吾洋特大桥工区海域气象条件复杂,潮差高达8m,深水区深度达63m。桥址区属剥蚀丘陵间冲海积滨海地貌,基本无覆盖层。深水环境下大直径桩基施工难度大,加之不良地质条件,增加了施工精度控制的难度。

东吾洋特大桥大直径超长钢护筒灌注桩群桩长期处在高温、高湿、高盐的腐蚀环境中,耐久性问题突出。提高桥梁深水群桩基础的耐久性,对桥梁整体结构的稳定至关重要。

施工水域黄鱼养殖网箱密集,对噪声控制要求极高,施工环境复杂,对于高潮差环境下深水基础施工关键技术,尤其是低噪沉桩技术的研究,尤为重要。

本书共分七章,主要内容包括大直径钢护筒低噪施工关键技术、深海养殖区施工水下噪声控制试验、钢栈桥施工工艺与受力响应规律、海上独立施工平台关键技术、深水超大直径桩基检测技术和跨海桥梁桥墩病变检测技术等,形成了具有鲜明特点的东吾洋特大桥深水桩基建设的技术成果,为保障东吾洋特大桥顺利建成提供了强有力的支撑;同时,对于推动行业进步,提高我国在高潮差条件下的跨海桥梁建设水平,增强我国在国际桥梁建设领域的竞争力和认可度具有重要意义。

深海域不良自然环境桥梁质量安全控制及耐久性保障难度大。近年来，按照交通运输部平安百年品质工程相关文件精神，G1514宁德至上饶高速公路福建省霞浦至福安段入选《平安百年品质工程创建示范项目(第一批)清单》。本书基于东吾洋特大桥建造实践，瞄准精细化管理、标准化施工、智慧化管控，达到质优耐久、安全可靠，形成具有特色的沿海高速公路。尤其"高纳潮差强风深水环境基础品质精造与沿海高速公路创新融合技术"成为行业典范。

本书在国家自然科学基金(42372325)、福建省交通运输科技项目(2021Y043)和新疆生产建设兵团财政科技计划项目(重大科技项目2020AA002)联合资助下开展相关研究。得到福建省交通运输厅陈岳峰、福建省高速公路集团有限公司陈礼彪、交通运输部公路科学研究院张劲泉等领导的关心，得到中国地质大学(北京)、宁德三都澳高速公路有限责任公司、浙江交工集团股份有限公司和自然资源部第三海洋研究所等单位的帮助，在此一并感谢。

本书虽然罗列了诸多参考文献，但难免挂一漏万，在此向所有被引用作者深表感谢。由于编者水平有限，书中不当之处在所难免，敬请读者批评指正！

作　者

2024年1月11日

CONTENTS 目录

1 绪论 ··· 1
  1.1 引言 ·· 1
  1.2 国内外研究现状 ··· 2
    1.2.1 高潮差强风环境下钢护筒施工技术研究现状 ································· 2
    1.2.2 高潮差强风环境下深水群桩基础施工技术研究现状 ······················ 6
    1.2.3 风浪耦合作用下海中平台和钢栈桥安全技术研究现状 ··················· 9
  1.3 依托工程 ·· 13
    1.3.1 东吾洋特大桥概况 ··· 13
    1.3.2 东吾洋特大桥工程建设条件 ·· 16

2 大直径钢护筒低噪施工关键技术 ·· 21
  2.1 钢护筒低噪沉桩施工工艺 ·· 21
  2.2 钢护筒低噪沉桩受力与噪声监测分析 ·· 28
    2.2.1 钢护筒低噪沉桩受力监测 ··· 29
    2.2.2 钢护筒低噪沉桩受力分析 ··· 32
  2.3 钢护筒低噪沉桩水下噪声分析研究 ··· 34
    2.3.1 钢护筒低噪沉桩水下噪声监测 ··· 34
    2.3.2 钢护筒低噪沉桩水下噪声影响分析 ·· 36
  2.4 本章小结 ·· 38

3 深海养殖区施工水下噪声控制试验 ··· 39
  3.1 东吾洋水下噪声现场观测方法 ··· 39
    3.1.1 水下噪声观测系统 ·· 39
    3.1.2 水下噪声观测布置 ·· 40
    3.1.3 水下噪声观测声学参数分析 ··· 41
  3.2 东吾洋特大桥钢护筒低噪沉桩水下噪声观测 ······································ 43
    3.2.1 声速剖面测量结果 ·· 43

3.2.2 水下噪声测量结果 ……………………………………………………… 43
3.2.3 海洋背景噪声测量结果 …………………………………………… 55
3.3 水下噪声对宁德三都澳大黄鱼影响分析 ……………………………………… 56
3.3.1 水下噪声传播衰减规律 …………………………………………… 56
3.3.2 大黄鱼的影响阈值分析 …………………………………………… 58
3.3.3 影响分析 …………………………………………………………… 60
3.4 本章小结 ………………………………………………………………………… 62

4 钢栈桥施工工艺与受力响应规律 …………………………………………………… 63
4.1 东吾洋钢栈桥概况 ……………………………………………………………… 63
4.2 深海区钢栈桥施工关键技术 …………………………………………………… 64
4.3 钢栈桥施工阶段受力响应规律研究 …………………………………………… 69
4.3.1 施工阶段钢栈桥模型建立 ………………………………………… 70
4.3.2 深海区钢栈桥力学性能研究 ……………………………………… 72
4.4 UHPC 桥面板的应用分析 ……………………………………………………… 74
4.5 本章小结 ………………………………………………………………………… 78

5 海上独立施工平台关键技术 ………………………………………………………… 79
5.1 深海环境下独立施工平台模块化施工关键技术 ……………………………… 80
5.1.1 施工平台设计 ……………………………………………………… 80
5.1.2 独立平台模块化施工工艺研究 …………………………………… 80
5.2 深海环境下独立施工平台受力响应分析 ……………………………………… 86
5.3 本章小结 ………………………………………………………………………… 92

6 深水超大直径桩基检测技术 ………………………………………………………… 94
6.1 深水超大直径钻孔基础施工检测技术 ………………………………………… 94
6.1.1 基于分布式光纤微颤传感的桩基检测技术 ……………………… 94
6.1.2 基于多个超声探头的桩基三维 CT 成像检测技术 ……………… 101
6.1.3 基于高频传感器的桩基检测技术 ………………………………… 105
6.2 超大直径桩基施工过程检测技术 ……………………………………………… 107
6.2.1 深水超大直径桩基施工过程检测的模型试验验证 ……………… 107
6.2.2 群桩基础模型验证试验 …………………………………………… 128
6.3 本章小结 ………………………………………………………………………… 132

7 跨海桥梁桥墩病变检测技术 ………………………………………………………… 134
7.1 跨海桥梁桥墩病变检测技术 …………………………………………………… 134
7.1.1 相控阵列内部成像检测技术 ……………………………………… 134
7.1.2 基于弹性体波 CT 及面波的检测技术 …………………………… 136
7.1.3 瑞利面波检测技术 ………………………………………………… 137

7.2　基于瑞利面波传播的数值模拟 ……………………………………………… 145
　　7.2.1　基于瑞利面波传播的室内实验 ………………………………………… 147
　　7.2.2　基于瑞利面波的强度检测理论 ………………………………………… 151
　　7.2.3　基于瑞利面波的强度检测模拟 ………………………………………… 152
　　7.2.4　基于瑞利面波的强度检测实验 ………………………………………… 155
7.3　桥墩腐蚀及破坏模型验证实验 ……………………………………………… 161
7.4　本章小结 ……………………………………………………………………… 167
参考文献 ………………………………………………………………………… 168

1 绪 论

1.1 引言

跨海桥梁作为沟通两岸交通的重要纽带,在交通基础设施建设中的地位日益突显。跨海桥梁能够突破海峡、海岛与海湾的地理限制,使沿海地区综合开发建设成为可能。在跨海桥梁建设中,发达国家走在了前列,如北欧的丹麦与挪威、亚洲的日本,出于连接其各个岛屿的需要,研究出世界先进的跨海桥梁工程技术。世界上较早建成的跨海大桥是英国于1826年修建的麦奈海峡大桥,随后各国纷纷开始修建跨海大桥。20世纪90年代,随着我国桥梁建设技术的飞速发展,修建了一大批世界级跨海大桥,比如2005年建成的东海大桥,全长32.5km,是我国第一座超大型外海跨海大桥;2008年建成的杭州湾大桥,全长36km,是世界上最长的单体跨海大桥;2018年,港珠澳大桥建成,集桥、岛和海底隧道于一体,桥隧全长55km,为当今世界上最长的跨海通道[1-2]。我国的跨海大桥建设在30年间取得了举世瞩目的成果,积累了丰富的经验,然而深水基础施工依然是跨海桥梁建设中的主要难点之一。

潮差区是涨潮时被海水浸没,退潮时暴露在空气中的区域,一般指海水的平均低潮线到平均高潮线之间的部分。我国有长达1.83万多千米的大陆海岸线,各地区的涨潮落潮周期和潮差的高度也随着地理位置和时间变化呈现较大的差异,而且高潮线位置也存在明显的变化。不同海洋环境对钢结构的腐蚀也不同,如图1-1所示[3]。

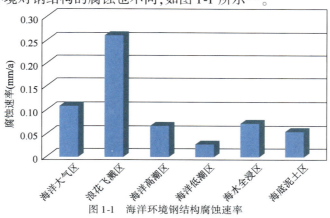

图1-1 海洋环境钢结构腐蚀速率

潮差区环境对钢结构有着强烈的腐蚀作用，腐蚀受到海水含氧量、气温和水温的影响，其中钢结构的腐蚀随着海水温度升高而加剧。潮差区的腐蚀还因潮流周期性冲刷钢结构，使钢结构物的表面遭受破坏，从而加剧钢结构的腐蚀。水位变动区经常有海生物附着寄居在结构物的表面，当海生物附着均匀细密时，会在钢结构的表面形成一层生物保护膜，这时保护膜的存在会减弱钢结构的腐蚀；但是，如果钢结构的表面只是部分附着有海生物时，附着处氧浓度降低，与潮差区的其他无附着海生物部分形成氧浓差电池，导致钢结构腐蚀加剧[4]。

海洋环境的潮差强风环境对混凝土结构的耐久性有着巨大挑战。海洋环境中海水的盐度和含氧量及海流、潮汐等因素均会加快构件及结构劣化的速度，潮差区带来的频繁的干湿交替会使氯盐环境对混凝土的侵蚀加剧，影响桥梁的使用寿命与结构的安全性。

虽然国内外对于跨海大桥建设的施工关键技术进行过系统的总结和阐述，也不乏相关科技成果，但海洋气象条件异常复杂，潮差高、风浪大，同时，受潮汐作用影响，还会产生潮流、浪涌等现象，极大地增加了桥梁基础建设的施工难度。此外，对于深水基础钢护筒理论分析研究内容较少，王乐芹基于弹性地基抗力法和散体极限平衡理论建立了一套大直径圆筒结构与土体相互作用下整体变位的计算方法[5]，首次基于塑性极限分析理论的上限法建立了插入式大直径薄壁圆筒结构的塑性极限分析模型，并提出了一种软黏土插入式大圆筒结构横向极限荷载的简化计算方法。

随着计算机技术的广泛应用，数值分析逐渐成为桥梁深水基础施工研究分析的必要手段。通过数值分析，可在施工前模拟各个施工阶段不同工况下深水基础的受力情况以及在施工运营荷载作用下对海中平台、钢栈桥、钢护筒、钻孔灌注桩等构件的力学性能分析，确保跨海大桥深水基础施工顺利开展。

由于近些年世界级跨海桥梁的建设，特别是我国建造了相当数量的跨海大桥，通过对国内已建跨海大桥典型工程的实地走访与调研，了解了跨海桥梁深水基础施工关键技术的研究进展。

本书依托宁德至上饶高速公路（简称"宁上高速公路"）福建省霞浦至福安段控制性工程东吾洋特大桥的建设进行编写。东吾洋特大桥工区海域气象条件复杂，容易发生诸如台风、强风、地震等自然灾害或是突发性事故。桥梁深水群桩基础是整个桥梁结构的承载部分，对桥梁整体结构的稳定起着至关重要的作用，因此，开展高潮差强风环境下大直径钢护筒施工工艺及施工控制、风浪耦合作用海中平台和钢栈桥结构安全与控制、深水群桩基础施工安全及质量控制等技术研究有着重要的意义。

1.2 国内外研究现状

1.2.1 高潮差强风环境下钢护筒施工技术研究现状

在高潮差强风环境下修建桥梁深水桩基础，由于复杂的地质与水文条件、多变的气象条件、海水的腐蚀及风浪耦合作用等因素，加之混凝土运输困难、设计基准期长且混凝土腐蚀、工程量浩大和施工过程持续性差等问题,致使高潮差强风环境下深水基础施工中,大直径钢护筒施工工艺及施工控制较陆地桩基础工程而言难度更大。而大直径钢护筒施工作为桥梁桩基础工程的起始步骤,钢护筒下沉的平面位置和垂直度的精准与否将直接影响后续桩基础工程的质量和进度。因此,对海洋中高潮差强风环境下大直径钢护筒施工工艺及施工控制技术进行系统研究具有非常重要的工程意义。

按钢护筒理论分析、数值模拟、试验研究三个阶段进行高潮差强风环境下大直径钢护筒的研究现状分析:

Novokshchenov[6]对处于海洋环境中的桥梁基础中的钢材腐蚀进行了研究,发现海水中氯离子的侵入导致钢材结构的腐蚀破坏,并提出了根据海水中氯离子浓度、混凝土材料、灌浆质量等一系列指标设定的防护措施与质量控制指标。

Lakshmi等[7]通过广义位移控制法的迭代过程解决了几何和材料非线性形成的非线性平衡方程问题,并提出了一种分析钢管混凝土非弹性阶段构件性能和计算构件最终承载力的分析方法。

王乐芹[5]基于弹性地基抗力法和散体极限平衡理论建立了一套大直径薄壁圆筒结构与土体相互作用下整体变位的相关计算方法;首次基于塑性极限分析理论的上限法建立了插入式大直径薄壁圆筒结构的塑性极限分析模型,并提出了一种软黏土中插入式大圆筒结构横向极限荷载的简化计算方法。

Petersen等[8]提出,当海洋环境中桩基础的冲刷保护层边缘材料受到冲刷时,可能会导致其变形和冲刷保护层失效。他们采用了一种广泛的试验来解释潮流、电流的边缘冲刷过程,并发现冲刷平衡了桩径孔的深度与长度,以及冲刷防护设施的纵深比,对海洋环境的桩基础施工具有一定的指导意义。

黄泰鑫等[9]对于超长大跨度连续梁桥桩基在考虑钢护筒参与受力分析后,认为合理设置钢护筒参与受力后桩基强度明显加强,对抵抗强震下的地震力作用有一定帮助。

Kishore等[10]研究了海洋环境下桩基侧向的受力情况。研究表明,冲刷增大了桩基的横向弯矩,减小了桩的横向抗力,从侧面说明了钢护筒对桩基的护持作用,并对钢护筒的强度指标提供了参考。

Li等[11]指出,不同于陆上桩基础,海上桩基础遭受更多的动态海洋环境作用,其结构行为与海洋波动效应有关。研究者建立了三维有限元模型用于研究桩基础所接触到的海浪,并针对海浪荷载,提出了桩基础设计时可采取的提高桩基承载力的措施,为今后的海洋桩基础施工提供了指导。

欧阳瑰琳等[12]以杭州湾跨海大桥海中平台匝道桥施工为背景研究发现,在钢护筒插打的过程中出现由于地质条件不利,钢护筒的刚度相对不足;钢护筒下沉时环向应力大;钢护筒不圆度的影响,致使部分钢护筒不同程度的变形,使钻孔施工无法进行等情况,并结合现场实际情况提出了水下电气切割法和变形钢护筒拔除重插法两种解决措施。此研究为类似海洋环境下的钢护筒施工提供了参考。

郑海涛等[13]结合已建跨海大桥沉放钢护筒的施工经验,从设备、自然及地质条件等方面探讨了当前钢护筒沉放所用工艺的优缺点,并着重描述了浅覆盖层中钢护筒沉放的施工方法,从而提出了不同条件下沉放钢护筒的关键工艺。该工艺在杭州湾大桥、金塘大桥、平潭海峡大桥及其复线桥中得到应用。结果表明,根据地质和自然条件合理选择护筒沉放方法,对于缩短施工工期、保证施工质量、节省施工成本至关重要。

王松生等[14]以泉州湾跨海大桥为依托,通过规范对比计算并结合工程情况选择振动锤和打桩船,详细论述分析了精确定位钢护筒的方法,研究了大直径钢护筒沉放的施工技术,为大直径钢护筒施工提供指导。

董鹏[15]应用波动理论分析计算撞击过程中产生的应力波,来分析护筒的受力情况,并利用有限元分析软件 ANSYS/LS-DYNA 模拟在不同护筒壁厚和不同激振力作用下打入钢护筒的位移、应力情况。发现护筒壁厚变化显著地影响着应力水平和护筒的稳定,虽然可以通过降低激振力来减小护筒中的应力,但减小程度有限,而且难以保证护筒打入预期的深度,对于施工平台的稳定性和钻孔成桩的质量都会产生不利的影响。

刘建国等[16]在大型有限元软件 ABAQUS 二次开发和平行算法的基础上,建立了考虑节点局部细化的三维数值模型,得到了核心钢筋混凝土桩基应力、外侧钢护筒应力、纵横联系撑应力、钢筋拉力和破坏模式等节点力学性状,并分析了最不利荷载工况组合时节点工作机理;随后针对节点的力学性状和"强节点、弱构件"的原则对节点进行了优化设计。

马伟[17]结合重庆果园码头桩基础的原型资料,采用大型非线性有限元软件 ABAQUS 对竖向荷载作用下大直径钢护筒嵌岩桩的受力变形机理进行了分析研究。首先分析了钢护筒对嵌岩桩竖向承载性状的影响,然后讨论了嵌岩深度、桩径、钢护筒入岩深度、上覆土层以及地基岩体参数对大直径钢护筒嵌岩桩竖向承载性状的影响。研究发现,考虑钢护筒作用后,在桩顶竖向荷载作用下钢护筒与桩身混凝土间产生侧摩阻力,整体上提高了嵌岩桩的竖向承载力;钢护筒嵌岩桩的竖向承载力并不是随钢护筒嵌岩深度的增大而一直增大,故钢护筒并不是嵌岩越深,桩基承载力就越大;钢护筒的壁厚对桩身抵抗弯曲变形有作用,且钢护筒壁厚越大,作用越大。

魏文馨等[18]以重庆果园港二期工程框架直立式码头为依托,研究了钢护筒的影响。采用 ANSYS 有限元分析软件建立三维空间钢架模型进行模态分析,采用 SHELL181 和 BEAM188 两种单元来分别模拟码头面板、走道板和桩、梁、柱以及靠船构件等。提出了建立有限元模型时如果不考虑钢护筒的影响,得到的基频、竖向刚度偏小,会低估码头结构的动力特性,若以此为依据进行设计,得到的结果会偏于保守,会造成一定的浪费,因此提出了建模时应考虑钢护筒的影响的建议。

黄龙华等[19]介绍苏通长江大桥主塔墩特大型深水钻孔桩基础施工中采用的钢吊箱整体浮运定位兼作钻孔平台方案、超长钻孔桩施工(入土很深的钢护筒插打)、特大型承台施工及施工期间的河床防护方案的关键技术。

王东辉等[20]针对桥墩大部分处于水下的桥梁基础工程,提出采用钢管混凝土桩的施工方案。通过在已形成的孔内吊放钢管桩、浇注孔底和桩侧混凝土等工序形成嵌岩钢管桩,然后在钢管内灌注混凝土。此施工方法称为钢管混凝土栽桩法,顺利完成了全桥水中基础钢管混凝土桩施工,具有很多优点。

高纪兵等[21]介绍了苏通大桥大直径、超长护筒起重、施沉及定位设备的选择以及在深水、大流速河段钢护筒施沉的质量控制;重点介绍了新颖的墩护筒施沉工艺,即直接采用护筒作为平台承重结构工艺、单个浮式起重机起吊钢护筒翻身工艺以及悬臂导向架定位工艺。这些工艺值得在今后大型桥梁基础施工中推广应用。

Danno 等[22]设计并进行了桩距为 1.5 倍和 5.0 倍桩径的群桩离心模型试验,同时还进行了相同工况下的数值模拟分析研究。通过两种分析手段的对比分析得出:当桩距为 5 倍桩径时,在短期荷载加载的情况下,没有出现明显的群桩效应现象,而随着时间的增加,对于群桩基础,5 倍桩径会产生群桩效应现象。

聂庆科等[23]通过软土地基上振动沉拔钢护筒对周围软土的扰动影响研究后发现,护筒在振动沉拔过程中对土体的挤压位移(包括地表沉降、地表位移和深层水平位移)不大。随着钢护筒入土深度的增加,土体局部范围内产生较大的挤压应力和孔隙水压力,但挤压效应的影响主要集中在距离钢护筒中心半径为 1.5m 的范围内。同时,产生深层水平位移最大值的位置随着钢护筒入土深度的增加而不断下移。

Chatzigiannelis 等[24]对海洋环境中的护筒结构进行了研究。为了应对恶劣的环境,护筒系统需要特殊的设计与施工手段。研究者通过工程实例,对护筒系统的设计及施工方法进行了分析,为今后类似的护筒系统建设提供了借鉴。

陈玲等[25]对考虑钢护筒效应的变截面桩的竖向承载力进行了研究。通过现场试验和有限元对比分析,提出了超长大直径钻孔灌注桩竖向承载力的修正公式。分析结果表明,钢护筒增加了桩侧阻力,提高了桩的承载能力,减小了桩的沉降量。

Basack 等[26]提出,海洋环境中的桩基础由于受到风浪、潮汐、海流等因素影响,桩基的沉降与承载能力将会明显降低。研究者进行了理论分析与试验研究,对桩基础在海洋环境中的各种性状进行了分析,对今后海洋环境下的桩基础施工具有一定的指导意义。

张崭等[27]根据大连星海湾跨海大桥(东段部分)的特点及海底实际地质状况阐述了一种在裸岩区下放钢护筒的施工工艺,并对该工艺进行了详细的介绍和说明,可为今后类似地质条件下钢护筒的施工提供参考。

何承海等[28]以嘉绍大桥桩基础 4.1m 超大直径钢护筒施工为背景,介绍了超大直径钢护筒的制作、运输、沉放施工工艺以及振动锤选型、导向框设计、钢护筒加强设计等,探讨了强涌潮水域复杂水文条件下桥梁桩基础超大直径钢护筒施工技术及控制要点,可供类似工程参考。

张海英等[29]结合广东省南澳大桥主桥主墩 26 根 3.1m 直径的钢护筒施工工程,详细介绍了钢护筒定位、沉放的施工工艺,并阐述了在外海使用悬臂导向架沉放钢护筒施工技术,为类似海上钢护筒施工提供了经验。

综上所述,国外对钢护筒的研究开始得较早,也较全面,数值模拟、试验研究及理论分析都较为深入具体。而国内对钢护筒的研究成果主要集中在施工关键技术,并在钢护筒精确定位、插打下沉及下沉过程中的常见问题的解决措施方面取得了一定的成果,但关于大直径钢护筒在高潮差强风复杂环境下的理论研究和施工关键工艺相对缺乏,故有必要对钢护筒的设计理论及施工关键技术进行系统研究,为后续海洋环境下钢护筒施工提供支持与参考。

1.2.2　高潮差强风环境下深水群桩基础施工技术研究现状

高潮差强风环境下深水群桩基础[30-34]是大跨径桥梁工程普遍采用的一种基础形式,随着桥梁工程规模的急剧扩大,群桩基础正向着超长、大直径、超大型的方向发展。然而,目前的设计经验和理论研究却滞后于工程实践。因此,超大型群桩基础的安全性受到普遍重视。完善的施工安全及质量控制技术是确保地基与基础安全性的关键。

1)超深水超大直径钻孔灌注桩基础施工过程检测技术概况

现有桩基础成桩后的质量检测技术主要包括:

(1)桩基础超声检测技术。

桩基础检测主要通过将超声波探头置于声测管内,通过超声波由一个声测管传播至另一个声测管来探测混凝土内部的致密性,通过不断改变超声波探头在声测管中的高程,完成对整个桩基础的检测[35-37]。然而,对于大型跨海桥梁的大直径桩基础而言,超声波的传播距离增加,衰减更为严重,特别是在混凝土尚未凝结的施工期检测时,超声波的透射信号微弱,无法实现桩基础内部的损伤探测。为此,需要增强未凝结混凝土内超声波的透射能力。

对超声波透射能力的提升可从以下两个方面实现:一方面,可以通过增加探头个数,并协同激励接收,形成探头阵列,增加激励的超声波能量。在现有的超声波透射法检测中,每个超声波测管内仅放置单只超声波探头,通过调整探头的高程检测不同深度桩身的完好性。由于单只探头发射波的能量有限,发射波可能无法穿透未凝结固化的混凝土拌合料,因此现有的单探头超声波透射法用于成桩后的质量检测,没有应用于桩基础施工过程中的同步检测。另一方面,可通过改变超声波频率,寻找在未凝结混凝土中透射能力最强的频率成分,减少超声波衰减。

在此基础上,根据接收信号的某单一声学参数(如声时、声幅、波形)的大小及变化来间接判别损伤位置。然而,对声时的变化、接收信号能量的衰减、接收与发射声波频谱的差异以及波形的变化等进行综合运用的研究较少,且这些方法对缺陷的大小、形状及性质难以给出一个定量的结果,很难对桩基的可靠性、安全性进行准确评估。为此,可以利用声波层析成像(CT)技术进行桩基质量检测,对混凝土内部质量分布情况以图像重建的方式直接准确地反映出来,相对于传统的无损检测技术具有显著的优势。目前,声波 CT 技术检测桩基质量一般以声时为参数进行图像重建,对超大直径桩,缺陷相对于检测断面较小,所获得的信号声时差异也会较小,从而影响缺陷 CT 的精确性。目前声波 CT 技术对图像的处理主要依靠人工识别,声波初至走时提取相对而言稳定,但分析效率不高,不能在桩基混凝土浇筑过程中实现及时同步的检测。

(2)分布式光纤声波传感技术。

近年来,随着分布式光纤声波传感(Distributed optical fiber acoustic sensing,DAS)等长距离振动传感技术的发展,研究人员提出了针对大深度地震波振动监测方法。通过光纤中瑞利散射效应获取地震波振动信号,光纤在探测地震波的同时实现信号的传输,适用于广域范围内地震信号采集,具有成本低、分辨率高等优点。该技术在不考虑背景压力、温度和土体耦合的条件下,可以分析 DAS 监测系统覆盖区域的地震信号特征。然而,实际工程应用中,DAS 光纤信号存在高频噪声和传播波形的畸变问题,还需要针对超大深度桩基础施工环境的影响研究有效的光纤信号分析方法。

(3)桩基础冲击波反射检测技术。

冲击波反射检测技术主要基于在桩顶的冲击及回波,检测桩身内异常反射波,根据冲击力的大小,分为低应变反射及高应变反射两类。其中,低应力反射法多采用冲击锤作为激励源,检测装置轻便,检测过程快捷。通过粘接在桩顶的传感器接收来自桩中的应力波信号,采用应力波理论来研究桩土体系的动态响应,反演分析实测速度信号、频率信号,从而进行桩身完整性检测。从检测内容和适用范围看,冲击反射波检测法可以满足裂缝、内部缺陷等桩基础检测要求。

然而,现有的冲击反射波较少应用于 60m 以上的深桩。这是由于低应变的激振能量有限,在大直径灌注桩检测中很难满足瞬态激励脉冲有效高频分量的波长与桩的横向尺寸之比大于 5 的要求;桩径越大,表面波对桩顶传感器接收到的纵波信号影响越明显,信号质量越差,在实际检测工作中发现桩径超过 2m 时,低应变信号振荡加剧,信号质量难以保证,很难对桩身完整性做出判定。另外,低应变冲击能量小,有效检测深度不大,且无法对桩基础的承载力进行检测。

高应变法[38-41]虽然可以检测桩基础的承载力,但还是不足以满足桩长超过 100m 的超长超大直径桩基础的检测。此外,无论是低应变法还是高应变法,都是从桩顶布置传感器来接收反射信号,信号在桩基础内的传递过程中会产生较大损耗而限制了可检测的桩基础长度。

2)群桩基础和桥墩监测技术研究概况

(1)病变及长寿命保障方面技术概况。

对于桥梁上部结构腐蚀调查,先进的无损检测技术一定程度上提高了传统结构检查的精度,但由于无损检测技术涉及种类繁多,检测对象较为单一,费用昂贵,检测结果的合理性和精度依然要依靠操作人员的技术素养和经验,且不具备连续检测的能力。特别是对于腐蚀问题严重的桥梁下部结构,如何建立有效的水下监测检测系统仍然是一个具有挑战性的问题[42-45]。如日本 2014 年对结构无损检测技术现状的调查报告显示,当前对于混凝土的检测,最常用的还是敲打法;对于电磁波、光纤内窥、超声波等检测技术虽然在内部缺陷检测中有一定应用,但检测精度总体上尚不能令人满意,应用率不到 30%。

混凝土中钢筋的腐蚀过程本质上是电化学过程,通过电化学方法可快速检测混凝土的环境信息和钢筋腐蚀信息等参数,能够准确反映混凝土环境的腐蚀性、钢筋腐蚀状态及腐蚀速度等重要参数,并可实现原位实时在线监测,实现对钢筋混凝土结构的腐蚀、健康、安全、耐久性等的评估和预警。

目前,国内大部分钢筋混凝土工程结构腐蚀监测技术及传感器仍主要依赖进口,存在监测信息单一,难以实现精准监测检测的问题。此外,针对桥梁的监测系统,通常采用变形监测和振动监测的方法。此类方法主要是解决桥梁基础的明显损伤,如桥梁基础劣化到一定程度后,桥梁基础的刚度进而降低,整个桥梁体系将出现失稳。在刚度明显降低的情况下,可以通过变形监测和振动监测识别到桥梁基础劣化。然而,总结分析目前的研究与技术现状,如何实现直接从早期损伤开始监测到桥梁基础劣化的全过程监测仍存在诸多挑战性问题。

(2)灾变及安全保障方面技术概况。

从以往经验可知,大型结构监测往往侧重于针对频繁的地震活动和强风等极端状态下的整体结构性评估。即通过监测数据验证设计假设、更新技术参数,并促进灾害作用下桥梁结构安全保障系统的研究和应用。

例如日本的横滨湾大桥,由于该桥建造在软土上,靠近日本关东大地震的震中位置,特殊的地理条件使得桥梁的抗震性能成为首要考虑的问题。为了验证抗震设计以及监测桥梁在地震作用下的性能,研究人员在该桥 36 个位置配备了包含 85 个加速度计监测点的密集排列的监测系统。监测系统主要用于评估桥梁的抗震性能、验证和比较抗震设计以及观测可能出现的损坏。2005 年,根据日本桥梁的抗震规范,横滨湾大桥重新进行了抗震加固。研究人员通过对桥梁地震记录数据进行分析,对隔震装置的选型和确定加固方案起到了重要作用。

与此同时,开展结构灾害监测在灾害机理研究中扮演了关键角色。如 1940 年,美国塔科马海峡大桥风毁坏事故促使研究人员开始重视风对结构的作用,由此诞生了桥梁风工程这一研究领域;2008 年,汶川地震中大量的震毁建筑为结构抗震研究留下了宝贵的资料,促进了我国建筑抗震设计规范中相关指标的更新,为提升建筑的抗震性能发挥了巨大作用[46]。

动态性能是跨海桥梁设计时需要重点考虑的因素。地震响应和空气动力稳定性是设计中需要考虑的问题。例如,日本明石海峡大桥利用全球定位系统(GPS)测量得出平均风速和横向位移之间的关系。由于桥梁跨度足够大,GPS 定位可以较准确地测量出桥梁的位移。通过比对观测值与设计值,从而验证了设计假设、确定了规范设定的合理性。

桥梁基础是承受并传递上部结构自重与可变荷载的部分。由于桥梁基础位于水下,GPS、加速度计等整体监测技术难以直接应用。为此,有必要针对桥梁基础,开展在地震和台风等灾变环境下的监测研究[47-49]。这不仅能够确保桥梁的安全性能,而且可以监测结构的实际响应和可能需要特殊处理的意外情况,为未来桥梁设计提供真实的数据反馈。

现有桥梁监测项目使用的传感器功能单一,需要大量不同类型传感器以满足不同监测项目的测量要求。如日本的明石海峡大桥,它的结构健康监测系统使用了当时最先进的 12 类不同目的、不同传感方式的监测系统[50-51]。由于每天需要处理不同类型的海量监测数据,导致桥梁工程师和管理者难以精准识别结构状态。

(3)冲刷与不均匀沉降监测技术概况。

目前,冲刷的监测手段主要依靠连续记录的定期人工检测。常见的冲刷测量方法包括铅锤测深和潜水员摸探的目视检测,以及借助固定式和便携式检测装置的检测。显然,上述方法偏向于定点的检测,不适用于长期实时监测。尤其难以实现实时的冲刷监测。如日本明石海峡大桥,每两年利用勘测船实施超声波海床探测。调查结果显示,桥墩附近尚未观测到明显的冲刷痕迹。

值得注意的是,冲刷受水流冲击和泥沙堆积循环作用具有时变特性,在超声波勘测的间隔期内依然可能发生冲刷破坏,因此有必要对桥梁进行连续长期监测。目前对桥梁基础不均匀沉降监测主要采用基于电子设备的水准仪及倾角仪系统,在海水环境中进行长期监测使用,易受腐蚀的影响,耐久性差[52-53]。

1.2.3 风浪耦合作用下海中平台和钢栈桥安全技术研究现状

海中平台和钢栈桥一般处在恶劣的环境之中,受环境的影响较大,特别是对于跨海临时栈桥,风、浪、流等环境荷载是控制栈桥设计的关键因素,给栈桥的设计与施工带来了巨大的挑战[54]。目前,国内外对风、浪、流荷载已进行了较多的研究,并取得了一些成果。然而,由于风、浪、流机理复杂,荷载计算参数多,要在工程上准确地应用,还需以下几个方面的认识:首先,风、浪、流的机理、规律;其次,桥位处气候水文现象;最后,各种计算方法的特点及适用范围。

覃勇刚[55]以杭州湾跨海大桥南岸超长栈桥为工程背景,针对在恶劣环境条件下,尤其是在海洋环境条件下修建临时栈桥所面临的难题,如栈桥设计标准的确定,风、浪、流等环境作用计算方法的选取,对栈桥工程中常用的开口钢管桩的竖向承载力计算和栈桥的水平极限承载力分析等问题,进行了较为系统的研究。

李沙沙[56]根据结构健康检测的理论和技术,对大连港甘井子码头栈桥进行了现场静态与动态测试,并运用有限元软件建立空间模型进行静态与动态特性分析,判定了该栈桥结构的稳定性。

王东辉等[57]针对平潭海峡公铁两用大桥的海上施工栈桥设计难点,制定了栈桥荷载组合及设计原则。

宋伟峰等[58]为克服施工环境的不利自然因素、提高施工的主动性,在东海大桥Ⅶ标段施工时采用海上施工栈桥方案,详细介绍了栈桥的结构设计内容。

姜枫等[59]以东海岛铁路通明湾特大桥的海上施工栈桥为背景,针对在海洋环境条件下修建临时栈桥所面临的难题,确定了栈桥荷载组合和栈桥设计等内容。

刘涛等[60]根据桥址特点和主要技术标准要求,对杭州湾跨海大桥南岸栈桥进行了详细的方案设计介绍。

蔡田等[61]以装配式施工理念,对泉州湾跨海大桥南岸深水区支栈桥的结构形式进行了优化设计。

于鸿明等[62]针对海上裸岩或浅覆盖层地区,提出了一种采用锚杆嵌岩桩技术锚固桩基的海上施工栈桥,并通过比较分析数值计算结果与试验结果验证了其合理性。

刘红彪等[63]采用有限元数值模拟分析与现场测试两种方式,研究了超期服役大跨海上施工栈桥结构的动力特性。

为研究大跨度钢栈桥的静动力性能,Wang等[64]建立了考虑单元耦合的钢栈桥空间有限元模型,计算了支架杆在静力作用下的正应力分布,并结合子空间迭代法和时程分析,对栈桥的振动模态和主杆的动应力极值进行了分析。

张劭明[65]结合某特大桥施工栈桥工程实例,以静力分析为基础,运用有限元分析软件Midas/Civil分别对各设计状态的栈桥结构进行屈曲分析,从整体稳定的角度探究了栈桥结构的安全性。

李霞等[66]采用任意拉格朗日欧拉法(ALE)和离散涡模拟法(DES)分析了不同风速和波高下海上施工栈桥的位移响应。

冯燕平等[67]利用有限元模型对洪水期流水压力作用下的钢栈桥结构横向稳定性进行了模拟分析。

张波等[18]利用空间计算软件 Midas/Civil 并结合海上施工栈桥的实际荷载对栈桥结构进行了承载力验算。

胡海刚等[68]根据杭州湾跨海大桥南岸栈桥设计标准中的工作状态和非工作状态两种工况分别进行了相应流场参数计算,并依据判别理论识别了钢管桩是否会发生涡振,对可能发生涡振的钢管桩提出了应对措施。

严梓榕[69]系统地研究了海上施工栈桥的受力特点、蚀坑分布规律和腐蚀安全评定方法。

王述良等[70]通过断面模型风洞高频力平衡试验,测定了海上施工栈桥典型支柱和钢桥面在不同风向下的两个水平基座弯矩和剪力。

宋璨等[71]分析了海上施工栈桥的自振特性,并采用弹性时程分析方法研究了海上施工栈桥的地震作用。

尹洪波等[72]采用移动网格技术和强迫振动法对海上施工栈桥钢桥面气动导数进行了识别。

随着施工栈桥、平台的广泛应用,在不同的水文、地质条件下,特别是在复杂、恶劣条件下的栈桥设计、施工成为项目成功的关键。因此,栈桥在高水流速、裸岩、大坡度地层情况下如何解决其整体稳定性,是栈桥及钢平台设计、施工中应重点解决的问题。

目前,对海上施工平台和钢栈桥的结构安全与控制分析研究,在桥梁桩基础施工中比较多,研究和实践也较为深入。施工平台作为施工临时结构,有自身的特点,目前,在工程领域对施工平台的研究主要集中在施工技术方面。查看相关文献,包括:利用钢护筒单独受力建设施工平台的施工技术;利用钢管桩和钢护筒共同受力建设其施工平台的施工技术;研究浮动施工平台在深水环境施工中的设计与应用;探究设计与施工深水大直径桩钻孔固定平台技术;在深水无覆盖层岩面施工平台桩基础的施工方法。深水中的施工平台,桩身要穿过水流并且嵌入基岩,它在承受上部结构传来的荷载的同时又要承受水流、风浪的冲击和桩周应力的作用,桩-水流-上部结构之间的相互作用是此类桩基础设计中相对复杂的问题[73]。

钢结构栈桥施工方便,可重复性利用,是施工时重要的运输通道,可以提高施工的效率。由于沿海环境的特点,氯离子浓度较高,钢栈桥往往在正常使用过程中会发生大面积的腐蚀,降低结构的承载力和稳定性。然而,现阶段鲜有钢结构栈桥的腐蚀规律以及安全评定。研究钢结构栈桥的受力特点、承载力和稳定性,探讨在风浪耦合下,钢结构栈桥结构承载力和稳定性的变化情况是今后研究的重点。

目前已发生的海岸及近海桥梁在波浪冲击作用下发生破坏的案例不在少数[74-75],其主要的破坏形式是近海面梁式桥梁面板在飓风引起的风暴潮和巨浪的冲击作用下发生倾覆。这一破坏形式引发了国内外大量学者对海上桥梁在飓风引起的风暴潮和巨浪作用下的作用机理、受力大小等展开研究[76-83]。

Chen 等[84]针对飓风"Katrina"引起的比洛克西湾公路桥梁的破坏,通过数值模拟对桥梁在飓风作用下的破坏机理展开了研究。研究结果表明,桥面板的破坏是由飓风引起的巨浪伴随风暴潮而造成,当风暴潮抬高海水水面至桥面板位置高度时,巨浪在传播的过程中可直接作用于桥面板上,对结构产生巨大的横向力和上升力,从而引发桥面板倾覆。

Huang 等[74]通过数值模拟的方法对飓风"Ivan"作用下埃斯坎比亚湾大桥桥面板所受波浪作用力进行了研究。研究结果表明,在飓风引起的风暴潮的作用过程中,波浪产生的上升力可大于简支梁桥桥面板自重,这将直接导致桥梁破坏。

Guo 等[85]利用物理波浪水槽,通过模型试验研究了海上桥梁桥面板在风暴潮与巨浪作用下的力学特性,通过试验结果对竖向升力和水平力的准静态力和抨击力两部分进行了分析。

Seiffert 等和 Hayatdavoodi 等[86-87]对桥面板在孤立波作用下的特性进行了模型试验研究。

Bradner 等[88]研发了波浪作用下弹性动力桥面板模型试验方法,该方法利用弹簧系统实现了对桥梁上部桥面板横向及竖向刚度特性的模拟,在测量桥面板波浪荷载力的同时可测量结构在波浪作用下的振动响应。

为了对海上施工栈桥的承载性能开展评估,需采取有效手段加以实现。近年来,国内外学者为准确获取海洋结构在风、浪、地震等环境荷载下的承载能力,先后做了大量研究工作,并提出了多种面向工程的承载性能评估方法,实现途径大致可分为数值模拟和模型试验两种。其中,非线性有限元法是海洋结构承载性能评估的一种有效方法,针对海洋结构的数值分析以及试验研究方法主要有以下几种:

1) 整体推进法(Whole Stepwise Push Method,WSPM)

整体推进法[89-90]通过整合现有线弹性结构有限元分析程序,并将其直接应用于海洋结构极限承载力的近似分析,以此评估海洋结构的承载性能。对超过材料屈服应力的杆件进行修正,认为其荷载不再继续增加而直接转化为塑性铰,并将塑性铰的内力作为一对作用力和反作用力施加于塑性铰的两端,然后将本级荷载以及等效荷载作用于处理后的结构模型,再使用线弹性程序进行分析。整体推进法应用时需满足以下两个条件:一是结构材料的应力-应变关系一般取理想弹塑性模型,忽略了构件截面的塑性发展对结构的极限承载力的影响;二是在分析过程中,结构的几何非线性效应不明显,不能处理几何非线性对结构整体刚度矩阵和荷载的影响,故而分析结果与实际情况存在偏差,无法准确反映海洋结构的承载性能。

2) 静力弹塑性分析方法(Pushover 法)

静力弹塑性分析方法[91-92],又称为推覆分析方法。起初是地震工程领域用于评估结构抗震性能的重要方法,该方法是首先在结构上施加保持不变的竖向静载和活荷载,同时沿结构高度施加满足某种分布的水平荷载或位移作用,由于材料和结构的弹塑性行为与加载以及变形的历程有关,通常将水平荷载划分成若干个增量,随着水平荷载的不断增加,结构某些构件逐渐进入塑性状态,继而出现塑性铰,当塑性铰数目过多导致结构成为几何可变机构,最终达到结构侧向破坏。这一过程反映了结构的抗侧力弹塑性性能,从而判断结构及构件的变形受力是否满足设计要求,并对结构抗震性能做出评估。不同侧向荷载分布方式作用下,结构的破坏机制是不同的,为确保结构延性分析正确,需正确选择结构在破坏时的侧向作用。

3) 波浪增量分析法(Incremental Wave Analysis,IWA)

为解决 Pushover 法在海洋结构承载性能评估中的不完善性,2011 年,Golafshani 等[93]针对波浪荷载提出了一种逐级增大波高的结构渐进倒塌分析方法,即波浪增量分析法,并基于该方法评估了海洋石油钻井平台的承载性能。波浪增量分析法在基本理论上分为静力波浪增量分析(Static Incremental Wave Analysis,SIWA)和动力波浪增量分析(Dynamic Incremental Wave Analysis,DIWA)。该方法通过将一系列不断渐增的波浪荷载以静力或动力的方式施加在海洋结构上,避免了当前 Pushover 方法采用"单一"强度荷载进行"盲目"放大的弊端。此外,在分析过程中考虑了甲板上浪荷载的影响,对结构进行非线性静力或动力分析,得到结构性能参数与波高的关系。该方法可以综合反映结构在不同波高下的结构性能,可为极端波浪作用下的海洋结构承载性能评估和优化设计提供理论支撑。朱本瑞等[94]以 K 形和 X 形两种不同结构形式的导管架平台为例,采用波浪增量分析方法对其进行抗倒塌性能评估,并与 Pushover 进行分析对比。结果表明,波浪增量分析方法具有更高的评估精度,能够确定平台结构真实的倒塌状态与失效模式以及能综合反映不同波高下平台结构的响应情况。

4) 风浪增量分析法(Incremental Wind Wave Analysis,IWWA)

2014 年,Wei 等[95]借鉴波浪增量分析法的基本思路,为有效确定极端风、浪作用下海上风机导管架结构的极限承载能力,提出了风浪增量分析方法,为海上风机导管架结构的极限承载能力研究提供了新的研究手段。该方法依据风、浪之间的相关性分为单参数和双参数风浪增量分析方法,两种方法均使用了基于荷载控制的静力弹塑性分析。单参数风浪增量分析方法,以重现期 MRP 为自变量,通过对结构施加系列重现期 MRP 不断增大的风浪环境荷载,得到风浪荷载重现期 MRP 与结构基底剪力的关系,从而确定结构在风浪荷载作用下的极限承载能力。双参数风浪增量分析方法,考虑到风浪条件受场地影响的复杂性,忽略了风浪之间的相关性,将风、浪的荷载视为独立变量,全面考量所有风浪条件,通过对结构施加随机组合的系列重现期 MRP 下风荷载和波浪荷载,得到波浪重现期、风荷载重现期与结构基底剪力的三维曲面,以此确定结构的极限承载力。该方法将重现期 MRP 与风浪荷载参数直接关联在一起,即可以确定对应的倒塌波高或倒塌风速等,从而使得衡量结构极限承载能力的参数更加具体和直观,更利于结构工程师的理解与应用。

5) 试验分析方法

除了采用上述数值分析方法确定海洋结构承载能力外,大量关于海洋结构的试验研究也相继展开。由于海洋结构在造价上十分昂贵,因此一般需要建立缩尺模型,但是模型缩尺带来的影响比较大且海洋环境非常复杂,通常很难在试验室中模拟真实的海洋环境,故而试验分析有很大局限性,通常用于验证数值分析方法的正确性。目前,离心模型试验、静力侧向推倒试验以及振动台试验被广泛应用于导管架结构及其基础的承载力评估。祝周杰[96]采用离心模型试验确定了水平静力及循环荷载下饱和砂土地基与饱和软黏土地基中导管架基础的承载特性。李涛[97]通过水平静力推覆试验研究了考虑桩土相互作用的近海风机导管架基础的承载性能。嵇春艳等[98]通过模型缩尺试验对考虑腐蚀效应和裂纹损伤的导管架平台结构进行了承载能力研究。Lignos等[99]通过振动试验探讨了钢框架结构的倒塌特性。

在物理模型试验研究上，目前试验室对于单独的风、浪、流的模拟技术相对比较成熟。对于风-浪耦合以及浪-流耦合的试验室模拟，目前国内外学者在相关试验室中都进行了一定的研究。对于风、浪、流作用下跨海桥梁结构弹性响应试验模拟技术，目前，风作用于桥梁的结构弹性响应试验模拟在桥梁研究设计中已经广泛应用，通过气弹性模型测定桥梁在风作用下的振动、应力应变等参数。对于浪、流及其耦合作用对桥梁结构弹性响应试验模拟，目前国内外所进行的研究工作很少。一般而言，在港口和近海工程中，目前国内外主要针对波流作用下结构物所受荷载进行试验研究，模型采用的是刚性模型。但跨海桥梁结构弹性响应试验模拟研究是基于水弹性理论，通过满足水流相似和结构相似来模拟波流作用下结构物的动力响应，模型试验的相似理论及模型制作方法均有待进一步研究。

1.3 依托工程

1.3.1 东吾洋特大桥概况

东吾洋特大桥位于福建省宁德市辖区内，宁德市位于福建省东北部，南连福州，北衔浙江，西邻南平，东南面与台湾省隔海相望，土地面积1.35万km^2，直接相邻的海域面积4.46万km^2。

东吾洋特大桥为宁德至上饶高速公路宁德霞浦至福安段项目的控制性工程，起点位于虾山鼻岛最西侧，跨越东吾洋，终点位于东安岛牛梁岗。东吾洋特大桥起点桩号为K1+346.4，终点桩号为K3+893。其中，通航孔桥采用跨径100m+2×180m+100m的矮塔斜拉桥，深水区非通航孔桥采用90m钢混组合梁，浅滩区非通航孔桥采用50m预应力混凝土箱梁，通航孔桥全长560m，桥梁全长2546.6m。大桥标准宽度28.1m。下部结构主桥桥墩采用箱墩配群桩、交接墩采用箱墩配桩基；桥台采用U形桥台配扩大基础、柱台配桩基；起点侧桥台台后不设搭板，终点侧桥台台后设置5m搭板。

1）钢护筒概况

东吾洋特大桥5号~12号和21号桥墩钢护筒直径为4m，长度20.90~85.70m不等；13号~20号桥墩钢护筒直径为4.4m，长度73.40~93.40m不等；其他墩钢护筒直径2.5m，长度5~25m不等。

位于干湿交替区和水下区的钢护筒（材质为Q355D），采用超强耐磨环氧漆涂料防腐（表1-1）。其技术标准符合《钢质管道熔结环氧粉末外涂层技术规范》（GB/T 39636—2020）的有关规定，防腐年限按30年考虑。

永久钢护筒参数　　　　表1-1

工况条件	涂层	涂料品种	道数	最低干膜厚
干湿交替区	底面合一涂层	超强耐磨环氧漆	4	1200μm
水下区			3	600μm

2)桩基概况

东吾洋特大桥有2.2m、3.6m和4.0m三种桩径,桩长12~144m不等,共227根。东吾洋特大桥桩基数量统计表及汇总表见表1-2和表1-3。

东吾洋特大桥桩基数量统计表　　　表1-2

墩台编号	桩基类型	桩基长度(m)		桩径(m)	桩数(根)
1号墩	端承桩(嵌固)	12		2.2	6
2号墩	端承桩(嵌固)	12		2.2	6
3号墩	端承桩(嵌固)	12		2.2	6
4号墩	端承桩(嵌固)	12		2.2	6
5号墩	端承桩(支承)	23		3.6	6
6号墩	端承桩(支承)	60		3.6	6
7号墩	端承桩(支承)	84		3.6	6
8号墩	端承桩(支承)	88		3.6	6
9号墩	端承桩(支承)	101		3.6	6
10号墩	端承桩(支承)	103		3.6	6
11号墩	端承桩(支承)	116		3.6	6
12号墩	端承桩(支承)	110		3.6	6
13号墩	端承桩(支承)	97		4	8
14号墩	端承桩(支承)	1号桩	105	4	15
		2号桩	100		
		3号桩	95		
		4号桩	98		
		5号桩	101		
		6号桩	94		
		7号桩	92		
		8号桩	90		
		9号桩	92		
		10号桩	93		
		11号桩	83		
		12号桩	83		
		13号桩	85		
		14号桩	85		
		15号桩	85		
15号墩	端承桩(支承)	1号桩	70	4	15
		2号桩	72		
		3号桩	75		
		4号桩	79		

续上表

墩台编号	桩基类型	桩基长度(m)		桩径(m)	桩数(根)
15号墩	端承桩(支承)	5号桩	87	4	15
		6号桩	75		
		7号桩	78		
		8号桩	79		
		9号桩	81		
		10号桩	83		
		11号桩	79		
		12号桩	83		
		13号桩	83		
		14号桩	83		
		15号桩	79		
16号墩	端承桩(支承)	1号桩	91	4	15
		2号桩	91		
		3号桩	91		
		4号桩	91		
		5号桩	91		
		6号桩	95		
		7号桩	96		
		8号桩	100		
		9号桩	106		
		10号桩	110		
		11号桩	98		
		12号桩	101		
		13号桩	108		
		14号桩	121		
		15号桩	129		
17号墩	端承桩(支承)	1号桩	123	4	8
		2号桩	121		
		3号桩	117		
		4号桩	117		
		5号桩	123		
		6号桩	129		
		7号桩	134		
		8号桩	144		
18号墩	端承桩(支承)	109		4	6

续上表

墩台编号	桩基类型	桩基长度(m)	桩径(m)	桩数(根)
19号墩	端承桩(支承)	93	4	6
20号墩	端承桩(支承)	82	4	6
21号墩	端承桩(支承)	57	3.6	6
22号墩	端承桩(支承)	36	2.2	6
23号墩	端承桩(嵌固)	12	2.2	6
24号墩	端承桩(嵌固)	12	2.2	6
25号墩	端承桩(嵌固)	12	2.2	6
26号墩	端承桩(嵌固)	12	2.2	6
27号墩	端承桩(支承)	16	2.2	4
28号墩	端承桩(嵌固)	12	2.2	2
29号墩	端承桩(嵌固)	12	2.2	6
30号墩	端承桩(嵌固)	12	2.2	6
31号墩	端承桩(嵌固)	12	2.2	6
32号墩	端承桩(嵌固)	12	2.2	6
33号墩	端承桩(嵌固)	15	2.2	6
终点台	端承桩(支承)	18	2.2	4
小计	2.2m桩径	—	—	94
	3.6m桩径	—	—	54
	4.0m桩径	—	—	79
总计				227

东吾洋特大桥桩基数量汇总表　　表1-3

序号	桩径(m)	部位	桩数(根)	备注
1	2.2	东吾洋特大桥1号~4号墩、22号~33号墩、福安台	94	现浇箱梁
2	3.6	东吾洋特大桥5号~12号墩、21号墩	54	钢混组合梁、矮塔斜拉桥
3	4.0	东吾洋特大桥13号~20号墩	79	
合计			227	

1.3.2　东吾洋特大桥工程建设条件

1）地质条件

桥址区覆盖层一般厚度为0.5~15m不等，局部厚度可达20m以上。覆盖层主要为表层碎石、淤泥质黏土、粉质黏土，岩层主要为花岗斑岩，其中中风化花岗斑岩抗压强度为54.4MPa，微风化花岗斑岩抗压强度约100MPa。

1号~5号墩和22号~33号墩范围为浅滩区，水浅，基本无覆盖层，河床为裸露强风化花岗斑岩。5号和22号墩处水深分别5m和18.7m，为斜岩面。6号~18号墩范围水深

35~49.5m,除6号墩外,其余墩位覆盖层厚度为22.4~54m,其中主墩15号墩覆盖层最薄为22.4m,水深49.5m;6号墩水深35m,覆盖层薄,为斜岩面。19号墩水深58.4m,覆盖层厚度28m。20号墩水深59.6m,覆盖层厚度仅8.5m。21号墩水深30.8m,覆盖层薄,为斜岩面。具体各墩水深、地质情况详见表1-4。

东吾洋特大桥各墩水深、地质情况一览表　　　　　　表1-4

序号	墩台编号	水深(m)按10年一遇水位+4.99m计算	覆盖层厚度(m)	是否斜岩面
1	1号墩	—	—	是
2	2号墩	—	—	否
3	3号墩	—	—	否
4	4号墩	—	—	否
5	5号墩	5	—	是
6	6号墩	35	10	是
7	7号墩	33.5	31	是
8	8号墩	33	42.6	否
9	9号墩	34	40.3	否
10	10号墩	31	44.3	否
11	11号墩	26.4	54	否
12	12号墩	37	42.9	否
13	13号墩	49.5	33	否
14	14号墩	45.5	30.9	否
15	15号墩	49.5	22.4	否
16	16号墩	47.5	37.5	否
17	17号墩	46.4	40.9	否
18	18号墩	45.4	36.5	否
19	19号墩	58.4	28	否
20	20号墩	59.6	8.5	否
21	21号墩	30.8	4	是
22	22号墩	18.7	4	是
23	23号墩	—	—	是
24	24号墩	—	—	否
25	25号墩	—	—	否
26	26号墩	—	—	否
27	27号墩	—	—	是
28	28号墩	—	—	否
29	29号墩	—	—	否
30	30号墩	—	—	否
31	31号墩	—	—	否
32	32号墩	—	—	否
33	33号墩	—	—	是

2)气象条件

工程区域属亚热带季风性湿润性气候,年平均气温 19℃,最低气温 5～10℃,年平均无霜期 250～290d,年平均风速 2.3m/s,风向以东、东南为主,多年平均年降雨量 1355.3mm,年最大降雨量 1945mm(2006 年),年最小降雨量 575.5mm(2003 年)。

(1)气温。

工程区域,5～10 月为高温期,最高气温一般出现在 7 月,7 月多年平均气温在 29℃ 左右。12 月至翌年 3 月气温相对较低,最低气温一般出现在 12 月或 1 月,1 月多年平均气温在 10℃左右。

(2)降水。

工程区域降水充沛,每年降雨量多集中在 5～9 月,10 月至翌年 1 月降水量较少。

(3)雾况。

东吾洋内湾海域多年平均雾日数为 6.2d,多发生在 1～5 月,以 4 月最多,年最多雾日数达 14d。

(4)相对湿度。

工程区域相对湿度较大,累计年平均相对湿度在 79% 左右,各月份之间的月平均相对湿度略有差别。2～8 月的相对湿度较大,9 月至翌年 1 月的相对湿度较小。

(5)风向频率玫瑰图。

图 1-2 为根据霞浦气象站 2011—2018 年风况资料整理分析的风向频率玫瑰图。由图 1-2 可以看出工程区域常风向为 SE 向,出现频率达 19.6%,次常风向为 ESE 向,出现频率为 13.16%。

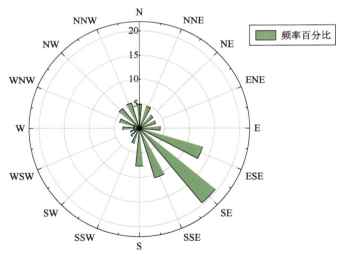

图 1-2　风向频率玫瑰图(2011—2018 年)

3)水文情况

三都澳湾被罗源和东冲半岛所环抱,口小腹大,仅在东南方向有一宽约 3km 的口门——东冲口与东海相通,是个半封闭型的海湾。

东吾洋为三都澳湾东部内湾,由溪南半岛和东冲半岛所环抱,湾口朝向西南,湾内水域宽阔,湾内分布数个岛屿。拟建桥梁所在的东吾洋湾口大门水道水面宽约 1.7km,附近养殖区密布。

(1)潮汐和潮位。

根据三都澳海洋站和东安岛临时测站高、低潮位相关公式,结合三都澳海洋站平均水位分析结果,桥址处各平均水位与设计高低水位见表 1-5 和表 1-6。

桥址处平均水位计算成果表　　表 1-5

项目	潮位
平均高潮位(m)	3.11
平均低潮位(m)	-2.30
平均潮位(m)	0.32
基面	1985 国家高程基准

桥址处设计高低水位计算成果表　　表 1-6

项目	潮位
设计高潮位(m)	3.88
设计低潮位(m)	-3.06
基面	1985 国家高程基准

(2)潮流。

三都澳属强潮海区,潮差大,潮流急。本地潮流属半日潮流。由于本海区地形复杂,岛屿星罗棋布,水域多呈水道形式,潮流呈往复流,流向基本与岸线平行,涨潮流向三都澳内,落潮流出湾外。

根据 2018 年 11 月实测大潮表面漂流资料,工程区海域最大落潮流速 0.98m/s,最大涨潮流速 1.33m/s。水域的流速随大小潮汛期的更迭,流速值呈规律性递减,大潮期间流速最大,小潮最小。

(3)波浪。

溪南镇东安岛所在海域位于三都澳东南部,四周山脉环抱,湾内有大大小小诸多岛屿,湾内波浪波高较小。在三沙湾湾口附近,水域宽度仅为 3km 左右,口门偏 SE 向开敞,外海波浪从深水域传播到湾口附近时已经被大量耗散。湾内大小岛屿星罗棋布,四周陆域为山脉所环抱,外海波浪难以通过口门直接传入东吾洋湾内,是天然避风良港。故东吾洋湾内波浪基本不受外海波浪影响,主要受湾内风况影响,湾内波况特征可参照风况基本特征。

由于受东冲半岛的掩护,波浪经绕射及扩散作用影响,传递到鸡公山岛前水域的波高比为 0.2,波浪在湾内传递过程中进一步扩散,青山岛以东水域的波高比为 0.1,绕过青山岛后,波高比更降至 0.05,外海波浪无法抵达三都岛一带。三沙湾(三都澳)的常浪向为 E 向,频率 21%,次常浪向为 ENE 向,频率 12%。强浪向为 E 向,最大波高 0.7m。平均波高

0.1m,最大平均波高0.2m,ESE向。静浪频率为17%。

(4)最不利海域海况。

东吾洋海域最大波高0.7m,施工重现期5年一遇最大风速为28.1m/s,根据海况定义可定为危害性海况。

2

大直径钢护筒低噪施工关键技术

大直径钢护筒低噪施工是一种现代化、环保的施工方法,旨在减少施工过程中产生的噪声污染。该方法采用了先进的技术和设备,为深海区桥梁建设提供了可行的解决方案。本章将着重介绍该施工方法在高潮差桥梁建设中的施工工艺、施工过程中钢护筒受力分析和产生的水下噪声分析。

与传统施工方法相比,大直径钢护筒低噪施工在高潮差桥梁建设中具有显著的优势。首先,该施工方法能够有效降低施工过程中产生的噪声水平,减少对周围环境的干扰;其次,大直径钢护筒低噪施工能够提高施工效率,缩短施工周期,从而减少工程成本和资源消耗;最后,该技术还能够提供更好的施工质量和桥梁的长期稳定性。

大直径钢护筒低噪施工技术在高潮差桥梁建设中具有重要的应用价值。它不仅能够有效解决施工中的噪声污染和困难,还能够提高施工效率和工程质量。随着该技术的不断发展和推广,在高潮差桥梁建设中将得到更广泛的应用,为桥梁工程的建设和发展做出积极的贡献。

2.1 钢护筒低噪沉桩施工工艺

打桩船上的 IHC-S800 液压打桩锤通过增大顶盖液压将锤芯举起,快速地减小液压使得锤芯在自重与顶盖空气压力的作用下,瞬间产生巨大的打击能量,从而实现桩基的下沉,而瞬间产生的强大能量正是所要避免的主要噪声来源。

现采用的 ICE170NF 液压振动打桩锤则是通过偏心块高速旋转产生激振力,从而通过夹具将激振力传递到桩身上,通过带动桩身做高速振动实现土壤液化,最终克服土壤摩擦力实现桩身下沉。

在黄鱼养殖区采用单台双联动液压振动锤进行单根重达 366t 的超大直径钢护筒沉设,填补了国内相关技术的空白。创新性设计移动式定位环,将其设置在桩顶附近,与打桩船的抱箍一起组成定位系统,实现了单根钢护筒的高精度定位下沉。与传统的沉桩施工工艺相比具有产生能量大小可控、噪声小、无污染等优点。

振动沉桩施工工艺流程如图 2-1 所示。

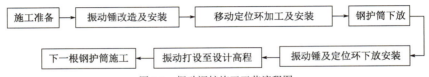

图 2-1 振动沉桩施工工艺流程图

将 ICE170NF 液压振动打桩锤与钢制连接件的一端采用螺栓固定,在连接件另一端设置与打桩船桩架轨道尺寸一致的滑槽,通过滑槽与打桩架连接。将改造后的 ICE170NF 液压振动打桩锤提升一定高度,再将定位环安装到打桩船桩架上,提升到振动锤底,将定位环悬挂在振动锤上,从而减少一些不必要的工序,以便在打桩船上使用(图 2-2)。

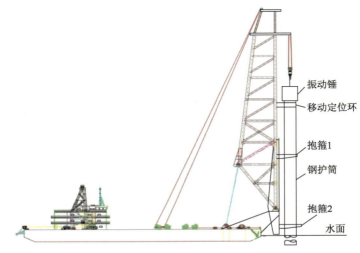

图 2-2 打桩船配合改造后的 ICE170NF 液压振动打桩锤施工示意图

施工船舶抛锚定位完成后,由雄程 3 号绞锚靠近运桩船完成钢护筒的起吊翻身,将钢护筒放入打桩架夹紧抱住,绞锚移动,配合 GPS 精确定位钢护筒,用雄程 3 号桩架抱桩器辅助钢护筒下沉。待钢护筒入土稳定后,将移动定位环和 ICE170NF 液压振动打桩锤一同下放至钢护筒顶部,待振动锤与钢护筒夹紧后,将下方抱箍松开部分间隙,通过振动锤施加的激振作用进行单根单节钢护筒的打设作业,直至钢护筒沉放到位,然后进行下一根钢护筒的打设。

1)振动锤选型

根据钢护筒自重、地质条件、入土深度、改造难度等前提条件,综合考虑振动锤的激振力、桩端摩阻力、最大振幅几种参数,选用 ICE170NF 液压振动打桩锤(表 2-1,图 2-3)。

ICE170NF 液压振动打桩锤参数 表 2-1

	项目	单位	单锤(单长梁)	并联(X 梁)
振动锤	偏心力矩	kg·m	17000	34000
	激振力	kN	3654	7308
	振动频率	r/min	1400	1400
	振幅	mm	32	12.8
	最大上拔力	kN	1260	2520

续上表

项目		单位	单锤(单长梁)	并联(X梁)
振动锤	悬挂重量(包括夹持器)	kg	27850	68300
	长度(拼装后总长度)	mm	4050	6573
	宽度(拼装后总宽度)	mm	1220	2941
	高度(拼装后总高度)	mm	3629	4202

2)液压振动打桩锤与打桩船结合

在振动锤与雄程3号打桩船桩架之间设计一个钢制连接部件(图2-4),通过这个连接部件,将振动锤与打桩船桩架相连接(图2-5)。连接部件的一端设置滑槽,其尺寸与打桩船桩架上的轨道一致;另一端设置连接螺栓孔,其尺寸和数量与振动锤一致。

图2-3 ICE170NF 液压振动打桩锤

图2-4 ICE170NF 液压振动打桩锤连接部件

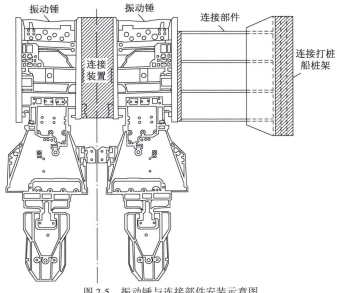

图2-5 振动锤与连接部件安装示意图

钢制定位环内的最小净空尺寸比钢护筒外径大 5cm,定位环一端设置滑槽,其尺寸与打桩船桩架上的轨道一致。

先将连接部件安装到振动锤上,拧紧螺栓,然后整体安装到打桩船桩架上,提升一定高度,再将定位环安装到打桩船桩架上,提升到振动锤底,将定位环悬挂在振动锤上(图 2-6)。安装后,要保证振动锤的中心与定位环的中心重合。图 2-7 所示为 IHC-S800 液压打桩锤拆除。

图 2-6　改造后 ICE170NF 液压振动打桩锤安装

图 2-7　IHC-S800 液压打桩锤拆除

3）钢护筒起吊与翻身

钢护筒顶端朝上侧 2 个吊耳为一组（第 1 组），连接打桩船带有滑轮的吊钩 1；钢护筒顶端朝下侧 1 个吊耳（第 2 组），连接打桩船吊钩 2；钢护筒底面 2 个朝上侧的吊耳（第 3 组），连接打桩船吊钩 2。钢护筒吊点布置示意图如图 2-8 所示。

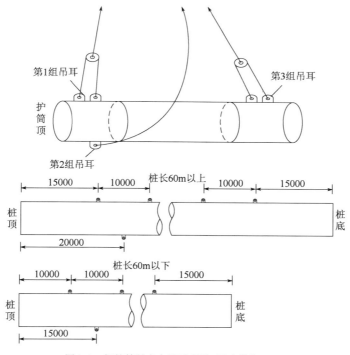

图 2-8　钢护筒吊点布置示意图（尺寸单位：mm）

钢护筒起吊及翻身示意如图 2-9 所示。单根钢护筒起吊过程：

（1）打桩船将钢护筒整体提升离开运输船。钢护筒由水平状态提升离开运输船的过程中，第 1 组吊耳通过滑轮一并起吊受力。同时，第 3 组吊耳也参与起吊受力。

（2）钢护筒由水平状态逐步转换为倾斜状态。钢护筒离开运输船后，第3组吊耳对应的吊钩下放，钢护筒开始倾斜，钢护筒重量逐渐分配给第1组吊耳。第3组吊耳受力逐渐减小。

（3）钢护筒由倾斜状态转换为竖直状态。钢护筒姿态转换至一定角度后，第2组吊耳对应的吊钩开始加载提升，第2组吊耳部分参与受力，第1组吊耳受力相对减小，第3组吊耳受力继续减小。

（4）钢护筒转换至竖向姿态后，由第1组吊耳和第2组吊耳共同分配受力，第3组吊耳吊钩松钩。

图2-9　钢护筒起吊及翻身示意图

4）钢护筒打设

雄程3号完成取桩、翻身等步骤后，下放振动锤和定位环，使定位环套入桩顶，然后振动锤夹持器夹持钢护筒顶面，随后下方的抱箍夹紧，使桩身与桩架平行。利用打桩船自身的GPS定位系统进行船体与吊起的钢护筒定位，通过松紧锚缆实现打桩船的移动，待护筒平面位置符合要求后，调整桩架的角度，使钢护筒的垂直度满足要求。平面和垂直度均满足要求后，缓慢下放钢护筒，下放时，注意控制各吊钩的下放速度，吊挂钢护筒的吊钩下放速度要比吊挂振动锤的速度慢，使此时的振动锤不承担向下的荷载。逐步将钢护筒插入海床浅表覆盖层内，钢护筒稳定后，解开振动锤的吊钩，开启振动锤，逐步将单根钢护筒振沉至设计高程。钢护筒定位及振沉流程如图 2-10 所示。

图 2-10 钢护筒定位及振沉流程示意图

振动沉桩采用分级加载方式，针对不同类型的土层采用不同的振动频率（表 2-2）。

各土层所需振动频率表　　　　　　　　表 2-2

序号	土层类型	振动频率（r/min）
1	碎石	450
2	淤泥质黏土	450
3	粗砂	616
4	淤泥质黏土	873
5	砂土状强风化花岗斑岩	1085
6	碎块状强风化花岗斑岩	—

注：振动锤实际加载频率可根据实际情况进行适当调整。

5)钢护筒打设效果

采用液压冲击锤及振动锤施工时,安排人员在距离施工点 1.5km 的养殖鱼排处进行观察。采用振动沉桩工艺对黄鱼的影响很小,具体见表 2-3 及图 2-11 和图 2-12。

黄鱼反应对比表　　　　　　　　　　　表 2-3

序号	沉桩工艺	累积声暴露级(dB)	黄鱼反应
1	冲击	177	鱼群受到惊吓大量出现在水面,大量鱼向远离声源方向快速游离并跳出水面,鱼群反应较为剧烈。停锤后少量鱼被震晕浮在水面
2	振动	141.9	鱼群少量出现在水面,快速游动,聚集在水面,停锤后迅速恢复正常

图 2-11　液压冲击锤沉桩作业中黄鱼的反应

图 2-12　液压振动打桩锤沉桩作业中黄鱼的反应

2.2　钢护筒低噪沉桩受力与噪声监测分析

近年来,超长大直径钢护筒在大跨度桥梁及深水港口等工程中应用越来越多。但迄今,对超长超大直径钢护筒的承载特性的认识尚不清楚。跨海大桥的施工条件恶劣,地质条件复杂,沉桩较为困难。相较于其他沉桩工艺,静压法可以很好地减少噪声污染。

通过压桩施工过程监测和后续的静载试验,对钢护筒全长应变分布进行监测,为桩身轴力分布、桩侧摩阻力分布、桩端阻力大小等提供基础数据,分析桩周土层侧摩阻力的变化规律,从而获得钢护筒的承载特性,进而得出超大直径钢管桩承载能力特征(土塞效应、管内侧摩阻力、桩土关系等)。

2.2.1 钢护筒低噪沉桩受力监测

1)监测内容

监测内容主要包括静压桩施工过程中桩顶所受的竖向力、钢管桩应力;钢护筒施工结束并静置一段时间后的快速静压荷载试验;后续监测钻孔作业时,钢护筒受力情况等。根据监测数据,可以分析计算出施工过程中各土层钢护筒桩侧动摩阻力、桩端阻力和竖向承载力等力学参数,并获得桩顶荷载-沉降位移曲线($Q\text{-}S$ 曲线)、各土层桩侧静摩阻力和桩端阻力,获得的数据可与理论计算结果进行对比,并可以作为后续理论承载力预测的依据。

2)监测方案

试验对象的选取原则是要具有代表性,桩址处地质情况能覆盖大部分钢护筒施工时的地质情况,还要考虑桩身穿越尽可能多的土层,以了解不同土层桩侧摩阻力和桩端承载力的情况。选取 15 号~10 号钢护筒作为试验对象,钢护筒长度为 78.925m。15 号墩桩基布置如图 2-13 所示,岩土物理力学性能指标见表 2-4。

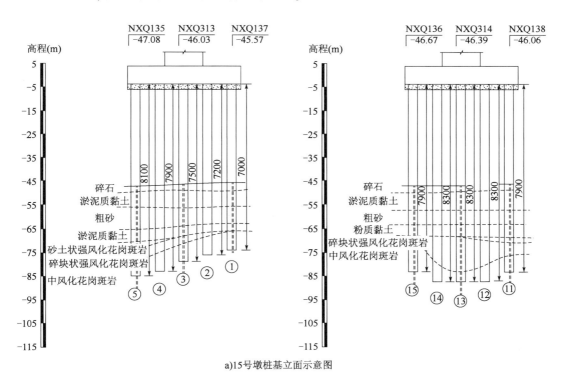

a)15号墩桩基立面示意图

图 2-13

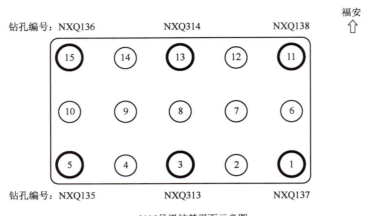

b)15号墩桩基平面示意图

图 2-13　15 号墩桩基布置图

土体材料参数表　　　　　　　　　　　　　　　　　表 2-4

土层类型	层底高程（m）	层厚（m）	弹性模量（MPa）	泊松比	密度（g/cm³）	摩擦角（°）	黏聚力（kPa）
碎石	-49.63	2.75	25	0.27	2.1	36	—
淤泥质黏土	-56.23	6.60	2.06	0.3	1.71	18	11
粗砂	-64.28	8.05	9	0.22	1.85	30	7
淤泥质黏土	-69.08	4.80	2.06	0.3	1.71	18	11
砂土状强风化花岗斑岩	-70.98	1.90	10	0.2	1.95	29	30
碎块状强风化花岗斑岩	-73.98	3.00	18	0.18	2	32	36
中风化花岗斑岩	—	—	15000	0.15	2.1	40	50

3）监测仪器

目前用于钢结构应力应变测试的传感器种类繁多，主要有：

(1)电测式，如电阻应变片、电阻式应变计、电感式应变计、弦式应变计。

(2)机械式，如手持应变仪、千分表引伸仪。

(3)光学式，如光纤光栅应变计、非接触式照片视频。

结合东吾洋特大桥工程特点，钢护筒施工采用静压沉桩法。钢护筒下端为开口，沉桩过程中，钢护筒内、外壁均与周围土体产生长距离的摩擦作用。因此，较为适合的传感器是弦式应变计(图 2-14)和光纤光栅应变计(图 2-15)。

图 2-14　弦式应变计

图 2-15 光纤光栅应变计

光纤光栅应变计测点在钢护筒两侧通长布置,每侧均采用一根通长 20a 槽钢对光纤光栅进行保护(图 2-16)。

弦式应变计测点布置原则是在顶端和低端各对称布置 2 个(图 2-17)。本次测试需要传感器 4 个,采用 20a 槽钢进行保护。

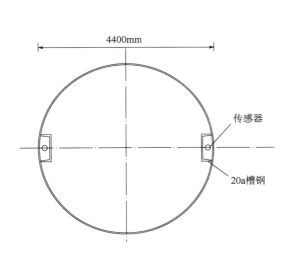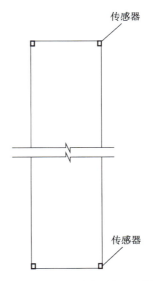

图 2-16 光纤光栅应变计传感器位置布置示意图　　图 2-17 弦式应变计位置布置示意图

在钢护筒施工过程中,碳纤维复合基光缆和表面应变计不仅需要承受压桩机振动的影响,还要克服钢护筒插入土中的土阻力影响,现有的传感器无法满足要求,只能通过技术手段对传感器进行保护。对于传感器的保护技术的主要要求有:①能抵御钢护筒插打过程中的阻力;②需要将传感器与桩侧土体隔开,避免传感器承受侧向压力;③对传感器电缆要起到保护作用,避免因施工或外力作用(如水流冲击力)损坏电缆;④不影响钢护筒的插打,由于钢护筒的插打深度较深,传感器保护装置不能给钢护筒插打造成过大阻力;⑤在钢护筒运输过程中也要对传感器电缆提供保护作用;⑥要有足够的强度,不会被破坏,不影响观测结果。

综合考虑各种要求，采用200mm×10mm槽钢贴焊保护技术。槽钢保护装置主要包含3个部分：光缆、传感器保护和尖角部分，如图2-18所示。焊接顺序要求：①先焊接尖角部分；②焊接光缆保护部分；③安装传感器；④焊接传感器保护部分。

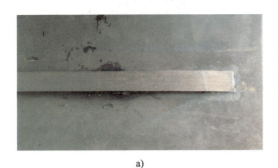
a)
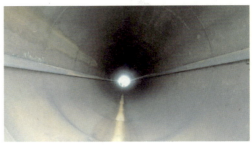
b)

图2-18 传感器保护装置示意图

2.2.2 钢护筒低噪沉桩受力分析

1) 顶部轴力分析

初压及配重压阶段钢护筒顶部应变均经历了先增大后减小的过程，在桩帽、桩锤及配重作用下钢护筒顶部发生急剧变形，直到达到变形极限（图2-19和图2-20）。钢护筒顶部的变形主要是由于桩身轴力的影响，应变改变量较大。配重压阶段实测数据反算得到的轴力与实际加载值存在很大差距，因此，采用ABAQUS软件对钢护筒的压桩状态进行了有限元分析，计算模型中，将配重压桩阶段6000kN按实际加载点分为4个1500kN集中荷载，提取距离钢护筒顶2m处的应变计算结果，如图2-21所示。从图2-21数据可知，距离钢护筒顶2m处的应变分布很不均匀，即存在应力集中问题，荷载加载点附近压应变最大，弦式应变计位置正好是距离荷载最远的位置，应变最小。

2) 底部轴力分析

初压阶段钢护筒底部应变曲线（图2-22）基本分为两个阶段：第一个下降段为钢护筒在自身重力作用下的自由下降段；第二个下降段与顶部加压时间段吻合。配重压阶段钢护筒底部的应变曲线（图2-23）基本分为三个阶段，配重压力逐步施加，应变出现缓慢下降段，之后发生急剧下降，卸载之后，钢护筒发生变形回弹最终达到稳定状态。原因是钢护筒的轴向承载力主要由桩侧摩阻力、桩端阻力组成，引起钢护筒变形的主要是端阻力，端阻力增大变形增大，端阻力减小变形减小。桩端阻力随着桩顶荷载的增加而逐渐增大。起初荷载较小时，钢护筒底部受土体的侧摩阻力影响较大，侧摩阻力随深度的增大而增大，钢护筒底部阻力较小，因此钢护筒的应变较为缓慢，当荷载超过一定值时，土体对桩的影响达到稳定状态，桩侧摩阻力充分发挥，桩顶荷载将主要通过桩端阻力的形式传递到土体中，钢护筒底部阻力逐步增大，钢护筒应变改变速率随之增大。

2 大直径钢护筒低噪施工关键技术

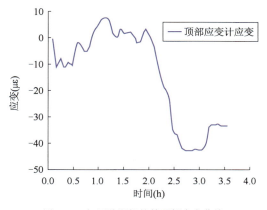

图 2-19 初压阶段钢护筒顶部应变曲线

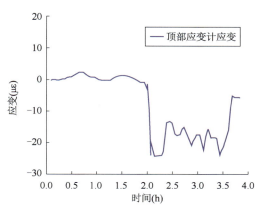

图 2-20 配重压阶段钢护筒顶部应变曲线

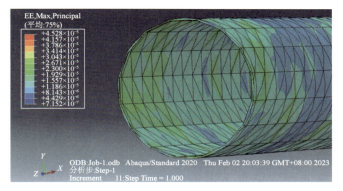

图 2-21 距离钢护筒顶 2m 处的应变计算结果

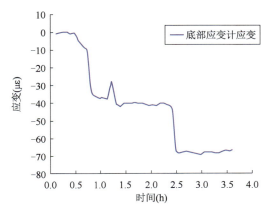

图 2-22 初压阶段钢护筒底部应变曲线

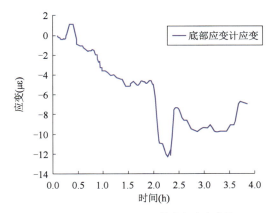

图 2-23 配重压阶段钢护筒底部应变曲线

3）水中段轴力分析

分布式光纤每米均提供一个应变值，选取压桩后产生最大应变的两个时间，这两个时间的应变沿桩身分布情况如图 2-24 和图 2-25 所示。从图中可知，水面以上和水中段钢护筒的轴力分布并不均匀，表现在两方面：一是同一高程处 A 面和 B 面轴力不相等；二是不同高程处应变不相等。A 面从钢护筒顶到 25m 左右开始由小慢慢变大，25～69m 段基本不变，69m

到桩底段由大变小。B面轴力变化相对复杂。究其原因是同一高程处A面和B面轴力不相等,可能是由于钢护筒顶部荷载不对称引起;桩顶到25m左右开始由小慢慢变大,说明钢护筒顶部受力不均匀。正如理论分析的应力集中问题,钢护筒存在薄壁效应,直接压重的位置受力大,安装光纤带的位置离压重的位置最远,因此受力相对较小,25m后薄壁效应消失,因此25~69m段基本不变,69m到桩底段由于受侧摩阻力影响,应变由大变小。

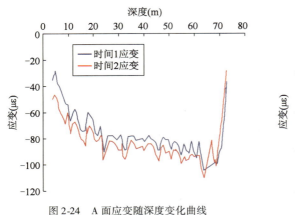

图2-24　A面应变随深度变化曲线　　　图2-25　B面应变随深度变化曲线

2.3　钢护筒低噪沉桩水下噪声分析研究

2.3.1　钢护筒低噪沉桩水下噪声监测

1)主要监测内容

静压沉桩、振动沉桩和冲击沉桩三种工艺试验过程均要进行水下噪声监测。监测的主要内容包括:沉桩施工过程不同工艺的水下噪声参数、海底和水中振动参数以及作业养殖区黄鱼的实际反应。

对于静压沉桩试验,监测内容包括整个过程中各监测点的水下噪声参数并观察黄鱼的反应。

对于振动沉桩和冲击沉桩试验,每一级加载均需要记录以下内容:

(1)坐标/声源距离。

(2)加载前:开始时间、黄鱼的状态、水下声音参数、桩顶高程。

(3)加载中:黄鱼的状态、水下噪声参数、海底和水中振动参数值、击打能量、振动频率、锤击次数、持续时间等。

(4)加载后:结束时间、黄鱼的状态、水下噪声参数、海底和水中振动参数值、桩顶高程、下沉量、计算贯入度等。

2)监测点布置

(1)声音监测站。

在桥位两侧布置声音监测站,监测站设置于养殖鱼排上,沉桩试验过程中,采集水下声音参数,并观察摄影记录黄鱼的反应。

试验施工前,声音监测站的仪器设备提前安装到位并调试完成。人员乘坐船只到各点位进行仪器设备安装调试工作。

试桩前采集背景数据,静压沉桩时采集数据,振动沉桩时根据分级加载次数,依次采集数据,若最后采用液压冲击锤,则再次采集数据。

(2)声音监测站坐标、人员观察点坐标与平面布置图。

各测量设备布放站点如图 2-26 所示,具体经纬度见表 2-5。其中,S1~S9 为自容式水下声音记录仪(USR)测量站位,Z1 为 32 阵元水听器阵系统测量站位,V1 为矢量系统测量站位,O1~O2 为高频海底地震仪(OBSH)测量站位,P1~P7 为人员观察点。

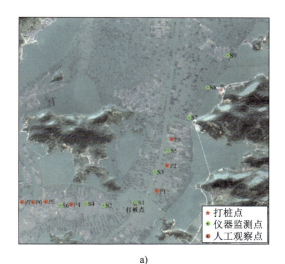
a)
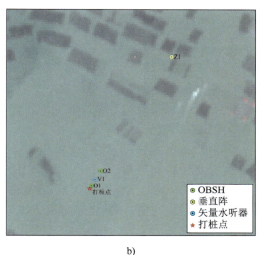
b)

图 2-26 测量设备布放站点及人员观察点图

测量设备布放站点坐标及人员观察点坐标表　　　　表 2-5

名称	到打桩点距离(m)	布放深度(m)	经度	纬度	备注
15 号墩打桩点	0	—	119°56′50.314″E	26°39′38.166″N	打桩点
S1	50	5	119°56′51.238″E	26°39′39.562″N	
S2	1250	5	119°56′5.397″E	26°39′35.637″N	
S3	1500	5	119°57′18.049″E	26°40′20.051″N	
S4	2000	5	119°55′40.420″E	26°39′37.906″N	
S5	2500	5	119°57′36.543″E	26°40′47.974″N	
S6	3000	5	119°55′4.759″E	26°39′35.601″N	
S7	4000	5	119°58′5.866″E	26°41′32.239″N	
S8	5500	5	119°58′32.038″E	26°42′11.737″N	
S9	7000	5	119°58′59.794″E	26°42′53.617″N	
P1	1000	—	119°57′20.668″E	26°40′01.442″N	

续上表

名称	到打桩点距离(m)	布放深度(m)	经度	纬度	备注
P2	2000	—	119°57′35.255″E	26°40′45.123″N	
P3	3000	—	119°57′41.426″E	26°41′31.215″N	
P4	2500	—	119°55′19.776″E	26°39′36.943″N	
P5	3500	—	119°54′43.560″E	26°39′41.675″N	
P6	4000	—	119°54′25.440″E	26°39′40.905″N	
P7	4500	—	119°54′10.127″E	26°39′41.058″N	
Z1	750	2~21	119°57′4.181″E	26°39′59.109″N	
V1	50	25	119°56′51.238″E	26°39′39.562″N	
O1	15	海底	119°56′50.591″E	26°39′38.585″N	
O2	100	海底	119°56′52.163″E	26°39′40.958″N	

3）主要监测方法

试验时各点监测人员接到开始指令后，开始采集相关数据并记录。监测主要有两种方式：一种是通过仪器监测声压和振动的各种参数；另一种是人工通过肉眼观察、相机拍摄和水下摄像机观测记录黄鱼状态。

监测设备分为三种类型：一是水中声压测量仪，包括8个USR和一个32阵元水听器阵系统；二是水中振动测量，采用一个深海自容式矢量水声记录系统；三是海底振动和声压测量，采用两个OBSH。试验前一天，各监测站位的仪器设备提前安装到位并调试完成。人员乘坐船只到各站位进行仪器设备布放工作，布放示意图如图2-27所示。本次测量设备均为自容式设备，启动后，均可自动采集数据并保存到内置存储卡，连续工作时间不少于7d。试验时应记录开始与结束时间，以便后期数据整理。

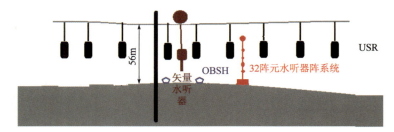

图2-27　测量设备布放示意图

2.3.2　钢护筒低噪沉桩水下噪声影响分析

静压沉桩、振动沉桩和冲击沉桩三种工艺产生的水下噪声各不相同，尤其是振动沉桩和冲击沉桩，产生的水下噪声直接与地理位置、水文环境、钢管桩直径和壁厚等因素有关，不同的工程项目各不相同。本小节仅根据类似工程项目预测本次试验的水下噪声影响范围，并不能保证准确，更不能作为后续相关补偿的依据。水下噪声对黄鱼影响门限值见表2-6。

水下噪声对黄鱼影响门限值 表 2-6

鱼体	行为响应		听觉暂时性损伤	物理损伤
	1级:浮出水面、群体聚集、游动加速;声源停止能迅速恢复正常	2级:快速逃窜、远离声源、跳出水面、少量翻肚	声暴露级 SEL_{ss}	声暴露级 SEL_{ss}
	峰值声压 p_{peak}	声暴露级 SEL_{ss}		
体长 20~23cm	100Pa	145dB	168dB	186dB

1)对于静压沉桩工艺

整个作业过程中无振动、冲击或锤击等动作,作业过程中产生的水下噪声增幅将会很小。

2)对于振动沉桩工艺

参考同类项目"福建省沙埕湾跨海公路通道工程A3标",该项目钢桩直径2.8m,水深20~30m,采用APE400型液压振动锤沉桩施工,背景噪声最大值为95dB。该项目的水下噪声监测结果见表2-7。

沙埕湾跨海公路通道工程A3标振动沉桩作业水下噪声监测结果 表 2-7

序号	监测点号	到打桩点的距离(m)	峰值声压级(dB)	总声级(20~5000Hz)	声暴露级(dB)
1	1	137	159.4	140	142.8
	2	370	157.8	134	128.7
	3	450	155.8	128	128.2
2	1	137	165.8	150	150.4
	2	370	166.4	143	129.4
	3	450	162.8	141	129
3	1	—	—	—	—
	2	370	157	133	127.8
	3	450	155.2	126	126.9
4	1	—	—	—	—
	2	370	157	133	127.8
	3	450	155.2	126	126.9
5	1	370	155.7	128	128.1
	2	450	154.3	123	127.8
	3	689	147.9	123	125.6

根据表2-7所示,施工时,距离打桩点137m处声暴露级最大为150.4dB,比背景噪声增加了55.4dB;370~689m处的声暴露级为129.4~125.6dB,比背景噪声增加了34.4~30.6dB。

本次试验钢护筒直径4.4m,采用YZ-800B双联动液压振动锤,作业时产生的水下噪声增幅将会比"沙埕湾工程"大,预计370m处背景噪声增加约37dB,根据东吾洋特大桥钢管桩打设作业水下噪声监测报告,本工程海域背景噪声为120dB,则370m的声暴露级将达到157dB。按照东吾洋特大桥钢管桩打设作业水下噪声监测报告中的本海域的声暴露级衰减公式计算,对黄鱼达到2级影响的距离约为1718.9m,暂时按照2000m考虑。

3)对于后期的桩基钻孔施工

钻孔作业均在已经沉设到位的钢护筒内进行,钢护筒已经成为一道隔音屏障,因此施工产生的水下噪声经过钢护筒的阻挡,将会较大幅度衰减,影响范围将会很小。有类似项目对冲击反循环钻机钻孔作业时护筒内的水下噪声进行了测量,噪声最大值为85dB,该数值低于黄鱼的影响门限值。

2.4 本章小结

本章介绍了东吾洋特大桥大直径钢护筒低噪施工工艺,对钢护筒低噪沉桩力学性能和水下噪声进行了监测,重点探讨了低噪沉桩技术对黄鱼的影响。

(1)东吾洋特大桥采用的大直径钢护筒低噪施工工艺与传统的沉桩施工工艺相比具有产生能量大小可控、噪声小、无污染等优点。

(2)钢护筒低噪沉桩受力监测结果表明,顶部轴力初压及配重压阶段,钢护筒顶部应变均经历了先增大后减小的过程,在桩帽、桩锤及配重作用下,钢护筒顶部发生急剧变形,直到达到变形极限。在底部轴力初压阶段,应变曲线基本分为两个阶段:第一个下降段为钢护筒在自身重力作用下的自由下降段;第二个下降段与顶部加压时间段吻合。配重压阶段的应变曲线基本分为三个阶段:配重压力逐步施加,应变出现缓慢下降段,之后发生急剧下降,卸载之后,钢护筒发生变形回弹最终达到稳定状态。水下轴力部分,同一高程处A面和B面轴力不相等,不同高程处应变不相等。

(3)钢护筒低噪沉桩水下监测结果表明,静压沉桩、振动沉桩和冲击沉桩三种工艺产生的水下噪声各不相同,尤其是振动沉桩和冲击沉桩,产生的水下噪声直接与地理位置、水文环境、钢桩直径和壁厚等因素有关。东吾洋特大桥海域背景噪声为120dB,370m处的声暴露级将达到157dB,该数值低于黄鱼出现临时听力损失的影响门限值168dB。

3 深海养殖区施工水下噪声控制试验

随着我国经济社会快速发展,基础设施建设规模也在不断增大,桥梁建造不断向深水港湾、海洋区域迈进。一般水域环境下,传统的水中钢护筒沉桩多数采用打桩船配合冲击锤施工;然而,传统的施工工艺会持续产生强大的冲击波,影响施工水域周边鱼类的生态。

东吾洋特大桥起点位于虾山鼻岛最西侧,跨越东吾洋海域,终点位于东安岛牛梁岗,大桥全长2546.6m,通航孔桥为跨径100m+2×180m+100m的矮塔斜拉桥,非通航孔桥为90m钢混组合梁和50m预应力混凝土箱梁,全桥水深超过48m的路段长850m,水深最大达63m,最大潮差超过8m。桩基为钻孔灌注桩,最大桩径4.0m,最大桩长144m,单根钢护筒最大直径4.4m,最大桩长93.4m,质量为366t,直径、质量之大极为罕见。

湾内上下游黄鱼养殖网箱密集,对噪声控制要求极高,施工环境复杂,采用常规打桩船配置IHC-S800液压打桩锤施工会持续产生强大的冲击波,对上下游的黄鱼养殖产生严重的影响,损失金额估计达数十亿元,对于霞浦县的黄鱼养殖产业来说是非常巨大的打击。为保证项目顺利实施的同时尽可能减少对霞浦养殖业的影响,寻找一种可行的、不影响黄鱼养殖的或者影响较小的施工工艺势在必行。

3.1 东吾洋水下噪声现场观测方法

根据东吾洋水下噪声现场观测站位布设原则,综合水下噪声现场观测技术与设备,提出水下噪声观测技术系统。

3.1.1 水下噪声观测系统

综合考虑海域现场情况和施工方案,采用自容式水声记录仪(图3-1)构建水下噪声监测系统,进行现场监测。监测系统由自容式水声记录仪(含水听器)、重块、旗绳等组成。

自容式水声记录仪技术参数:水听器灵敏度-170dB±1dB(参考1V/μPa),工作频段20~20000Hz;动态范围大于103dB,量化精度24bits,放大增益0.5倍、4倍和32倍可选,采样率最高可达48000Hz,存储容量高达128GB。设备参数能够满足《声学 水下噪声测量》

(GB/T 5265—2009)规定的水下噪声测量设备要求,不会引起信号过载或偏弱。自容式水声记录仪在现场测量之前均进行了校准,有效期2年,测量期间均处于有效期。

同步采用声速剖面仪AML MINSO X(图3-2)开展声速数据测量。

图3-1 自容式水声记录仪

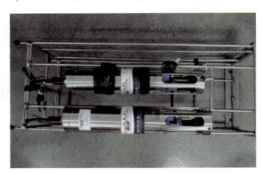

图3-2 声速剖面仪

声速剖面仪AML MINSO X的性能指标:压力量程0~6000m,准确度±0.05%满量程,分辨率0.02%满量程;声速量程1375~1625m/s,准确度±0.025,分辨率0.001;温度量程−5~45℃,准确度±0.005,分辨率0.001;电导率量程0~90mS/cm,准确度±0.01,分辨率0.001。

3.1.2 水下噪声观测布置

观测对象为15号~10号永久钢护筒,外径4.4m,考虑在振动沉桩工艺下钢护筒底部能够进入强风化岩层0.5m,钢护筒底高程暂定−69.58m。桩位处实测河床高程−47.2m。

水下噪声监测共11个站位(图3-3),站位信息及测量深度见表3-1,S1站位同步开展了声速剖面测量。

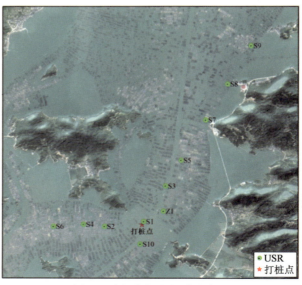

图3-3 水下噪声测量展位分布图

水下噪声测量站位信息表　　　　　　　表 3-1

名称	到沉桩点距离(m)	布放深度(m)	经度	纬度	备注
15 号墩	0		119°56′50.314″E	26°39′38.166″N	沉桩点
S1	133	5	119°56′55.084″E	26°39′38.921″N	
S2	1241	5	119°56′9.205″E	26°39′37.216″N	
S3	1502	5	119°57′18.049″E	26°40′20.051″N	
S4	1928	5	119°55′40.420″E	26°39′37.906″N	
S5	2503	5	119°57′36.543″E	26°40′47.974″N	
S6	2912	5	119°55′4.759″E	26°39′35.601″N	
S7	4091	5	119°58′5.866″E	26°41′32.239″N	
S8	5508	5	119°58′32.038″E	26°42′11.737″N	
S9	7011	5	119°59′10.505″E	26°43′01.193″N	
S10	675	5	119°56′48.320″E	26°39′16.353″N	
Z1	821	2–21	119°57′15.537″E	26°39′52.303″N	

水下噪声监测现场如图 3-4 所示。

图 3-4　水下噪声监测现场照片

3.1.3　水下噪声观测声学参数分析

对于振动沉桩产生的水下噪声,属于非脉冲声源,与海洋生物影响评价相关的水下噪声的声学量主要包括均方根声压级、声暴露级、声压谱级、总声压级等。

1) 均方根声压级

水下噪声信号所有声压幅度平方的均方根值与基准声压之比的以 10 为底的对数乘以 20。

$$\mathrm{SPL}_{\mathrm{rms}} = 20\lg\left[\frac{\sqrt{\frac{1}{T}\int_T p(t)^2 \mathrm{d}t}}{p_{\mathrm{ref}}}\right] \tag{3-1}$$

式中:$\mathrm{SPL}_{\mathrm{rms}}$——均方根声压级,dB;

T——信号时间，s；

$p(t)$——测量获得的一定时间水下噪声声压，Pa；

$\mathrm{d}t$——以时间为变量的微分因子，s；

p_{ref}——基准声压，1μPa。

2) 声暴露级

声暴露级（Sound Exposure Level，SEL）用于描述单次或离散的噪声事件时采用的能量标度方式。声暴露级实际为频率加权平方瞬时声压的时间积分，物理意义为在指定的测量时间间隔内噪声能量累积，其积分的过程也是能量累积迭代的过程。

对于单个信号：

$$\mathrm{SEL}_{\mathrm{ss}} = 10\lg\left[\frac{\int_T p(t)^2 \mathrm{d}t}{p_{\mathrm{ref}}^2 t_{\mathrm{ref}}}\right] \quad (3\text{-}2)$$

对于多个（脉冲）信号：

$$\mathrm{SEL}_{\mathrm{cum}} = 10\lg\left[\frac{\sum_{i=1}^{N}\int_T p_i(t)^2 \mathrm{d}t}{p_{\mathrm{ref}}^2 t_{\mathrm{ref}}}\right] \quad (3\text{-}3)$$

式中：$p(t)$——单个信号声压，Pa；

t_{ref}——测量时间间隔，s；

N——（脉冲）信号数，个；

$p_i(t)$——多个（脉冲）信号中第 i 个的声压单位，Pa；

$\mathrm{SEL}_{\mathrm{ss}}$，$\mathrm{SEL}_{\mathrm{cum}}$——单个信号声暴露级和累积声暴露级，dB，参考值为 1μPa² · s。

3) 声压谱级

声压谱级，也称功率谱密度（Power Spectral Density，PSD）用于描述信号功率的频域分布情况。设有效噪声信号为 $x(n)$，长度为 L，将其按覆盖分为 I 段，每段长度为 N（N 根据分辨率、方差要求选定，且要求 $N \geq f_s$，f_s 为采样率）。其计算步骤如下：

设第 i 段有效噪声信号序列为 $x_i(n)$，将其乘以窗函数 $w(n)$，其 FFT 变换为：

$$X_i(k) = \sum_{n=0}^{N-1} x_i(n) w(n) \mathrm{e}^{\left(-\frac{\mathrm{j}2\pi kn}{N}\right)} \quad (3\text{-}4)$$

式中，$i = 1, 2, \cdots, I$；$k = 0, 1, \cdots, N-1$。$X_i(k)$ 为第 i 段有效噪声信号 FFT 变换结果。对上式 FFT 变换结果因加窗导致的能量差异进行修正，并计算得到该段噪声功率：

$$Y_i(k) = \frac{1}{N \cdot E}\left|\sum_{n=0}^{N-1} w(n) \mathrm{e}^{\left(-\frac{\mathrm{j}2\pi kn}{N}\right)}\right|^2 = \frac{1}{N \cdot E}|X_i(k)|^2 \quad (3\text{-}5)$$

其中

$$E = \frac{1}{N}\sum_{n=0}^{N-1} w(n)^2 \quad (3\text{-}6)$$

$Y_i(k)$ 为第 i 段有效噪声信号加窗修正结果。E 为窗函数能量。对所有 I 段有效噪声信号取线性平均：

$$P(k) = \frac{1}{I}\sum_{i=0}^{I} Y_i(k) \tag{3-7}$$

式中，$k=0,1,\cdots,N-1$。k 是频域中的离散频率点，取值范围为 $0 \sim N-1$，其中 N 是时域信号的长度。$P(k)$ 为有效噪声信号线性平均值。为了方便计算声压谱级，还需将 $P(k)$ 归一化到 1Hz 带宽内，可求得噪声功率谱级 $PSD(f_i)$：

$$PSD(f_i) = P(k) - M(f_i) - K(f_i) - G_1 - G_2 \tag{3-8}$$

式中：$M(f_i)$——水听器灵敏度，dB；

　　　$K(f_i)$——系统频响，dB；

　　　G_1——前级增益，dB；

　　　G_2——后级增益，dB。

4）总声级（宽频带声压级）

宽频带声压级的定义是在规定的整个测量频带范围内的辐射噪声声压级。

$$L_{pt} = 10\lg\left[\sum_{i=1}^{n} 10^{0.1L_p(f_i)}\right] \tag{3-9}$$

式中：L_{pt}——测量系统位置辐射噪声的宽频带声压级，dB；

　　　$L_p(f_i)$——表示在特定频率 f_i 处的声压级，dB。

3.2 东吾洋特大桥钢护筒低噪沉桩水下噪声观测

3.2.1 声速剖面测量结果

测量海域水深较深，7km 范围内声速随空间变化较小。试验期间，在沉桩船（S1 站位）同步开展了声速剖面测量，结果图 3-5 所示。从图 3-5 中可以看出，声速分布在 1536 ~ 1538m/s，随着深度增加，整体呈现细微的负梯度。

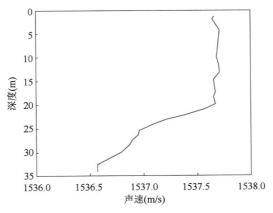

图 3-5　施工海域的声速剖面图

3.2.2 水下噪声测量结果

与冲击沉桩不同，振动沉桩产生的水下噪声属于连续噪声源，应重点分析一定时间内的累积声暴露级。图 3-6 至图 3-8 分别给出了各个站位水下噪声的波形、频带声压级和声压谱级,其中 Z1 站位数据来自深度 6m 的接收阵元。

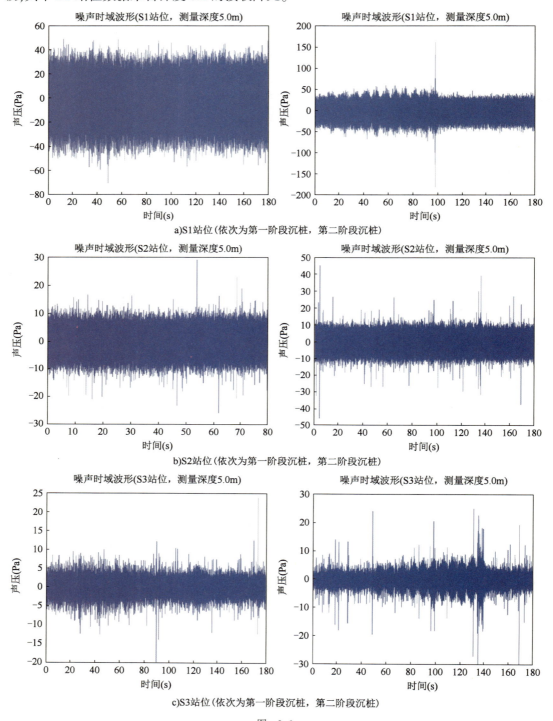

a)S1站位(依次为第一阶段沉桩,第二阶段沉桩)

b)S2站位(依次为第一阶段沉桩,第二阶段沉桩)

c)S3站位(依次为第一阶段沉桩,第二阶段沉桩)

图 3-6

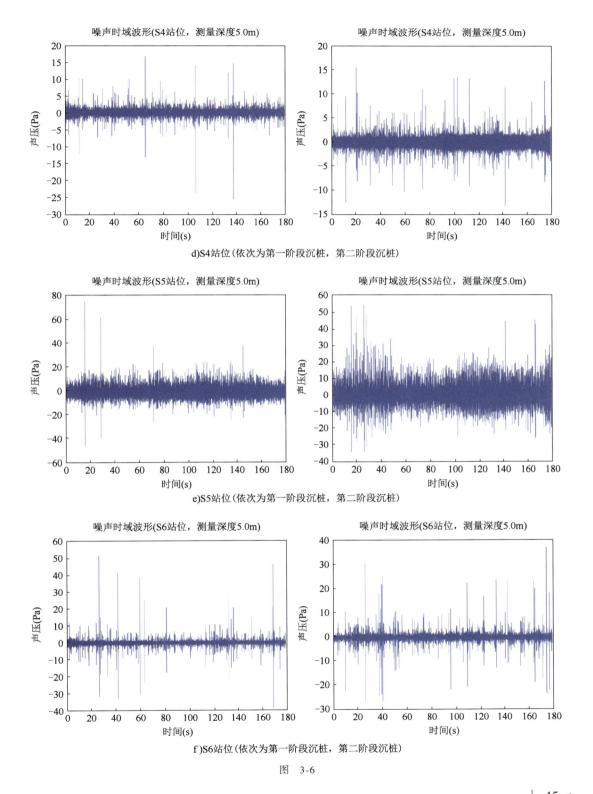

图 3-6

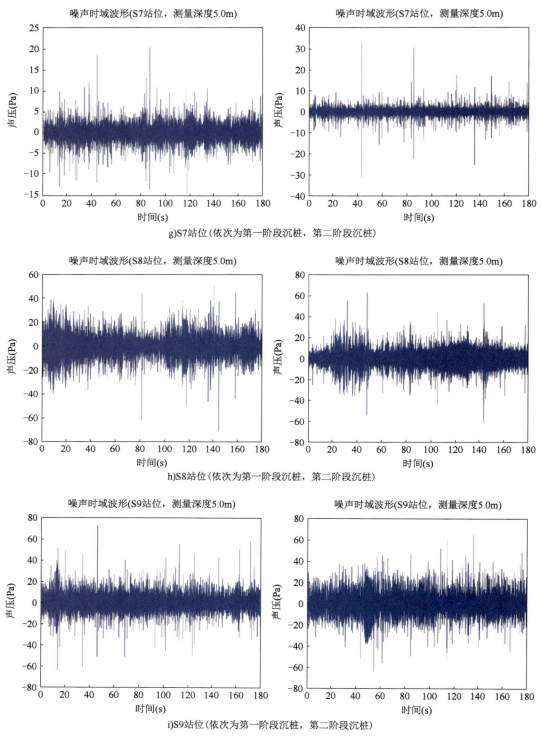

图 3-6

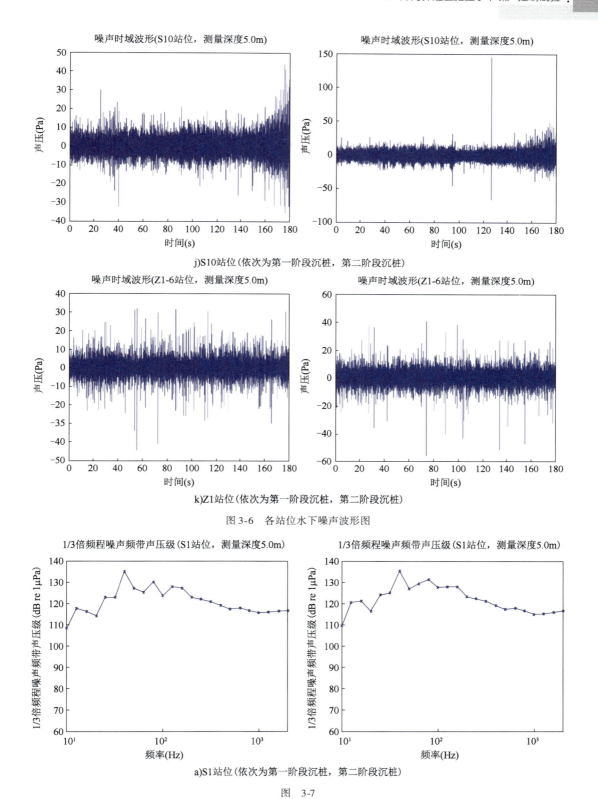

j)S10站位(依次为第一阶段沉桩,第二阶段沉桩)

k)Z1站位(依次为第一阶段沉桩,第二阶段沉桩)

图 3-6 各站位水下噪声波形图

a)S1站位(依次为第一阶段沉桩,第二阶段沉桩)

图 3-7

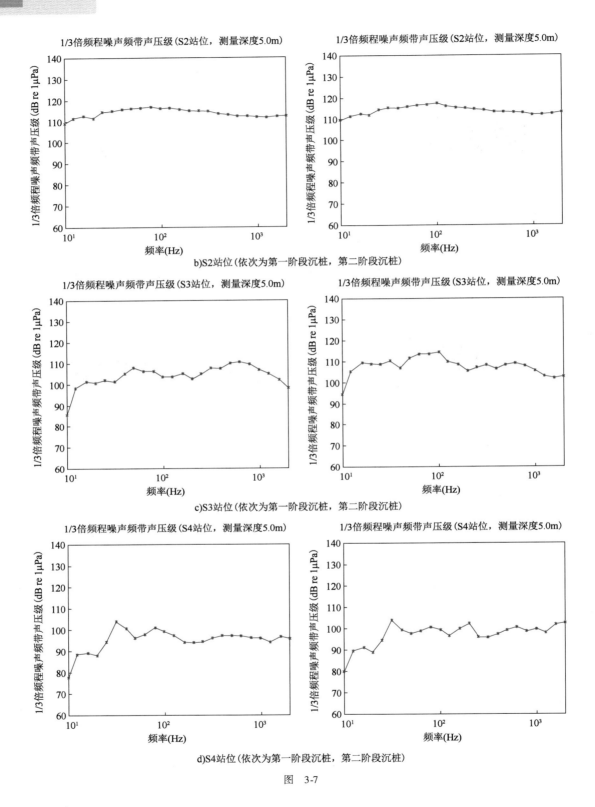

图 3-7

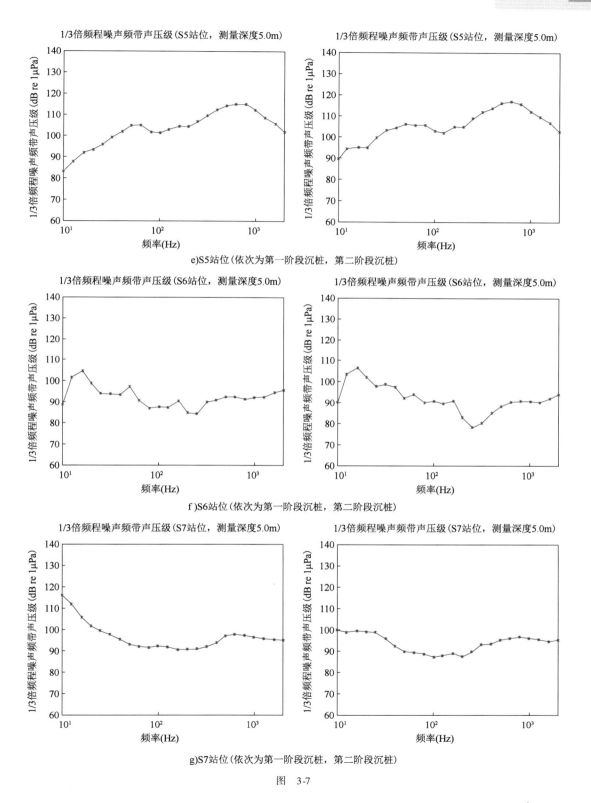

图 3-7

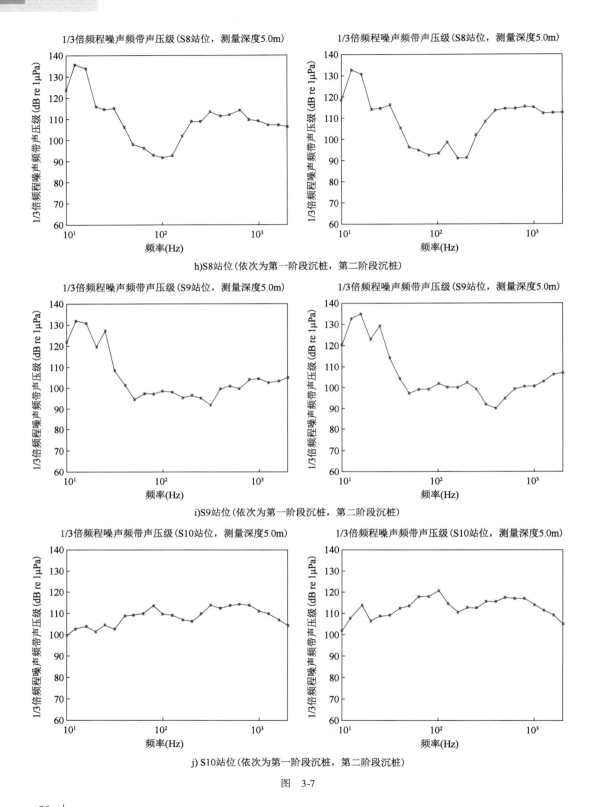

h) S8站位(依次为第一阶段沉桩,第二阶段沉桩)

i) S9站位(依次为第一阶段沉桩,第二阶段沉桩)

j) S10站位(依次为第一阶段沉桩,第二阶段沉桩)

图 3-7

3 深海养殖区施工水下噪声控制试验

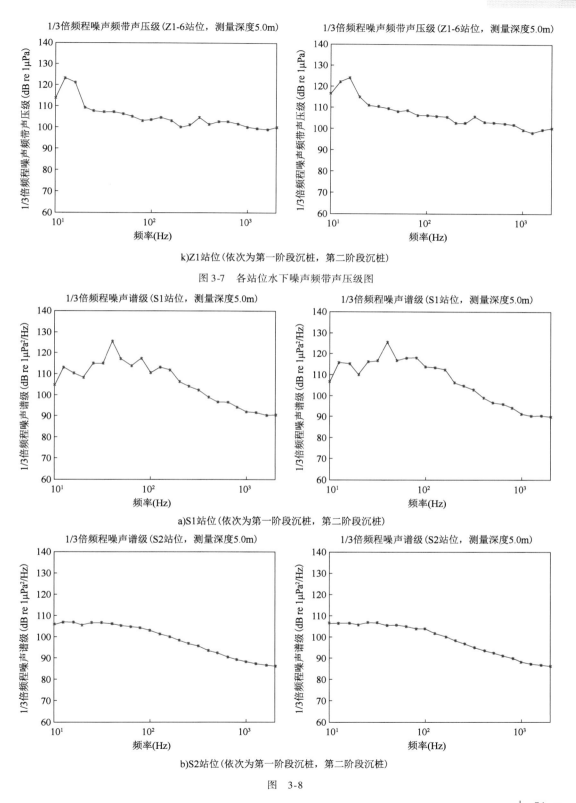

k)Z1站位(依次为第一阶段沉桩，第二阶段沉桩)

图 3-7　各站位水下噪声频带声压级图

a)S1站位(依次为第一阶段沉桩，第二阶段沉桩)

b)S2站位(依次为第一阶段沉桩，第二阶段沉桩)

图 3-8

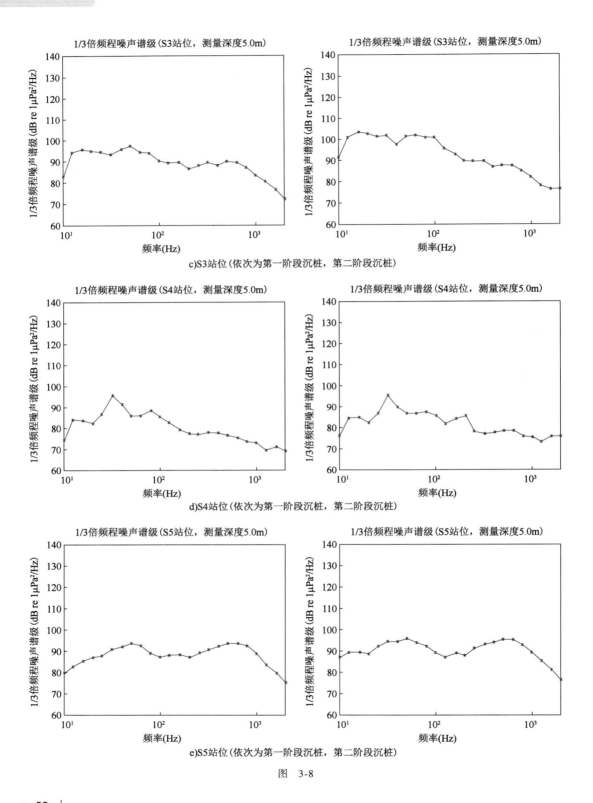

图 3-8

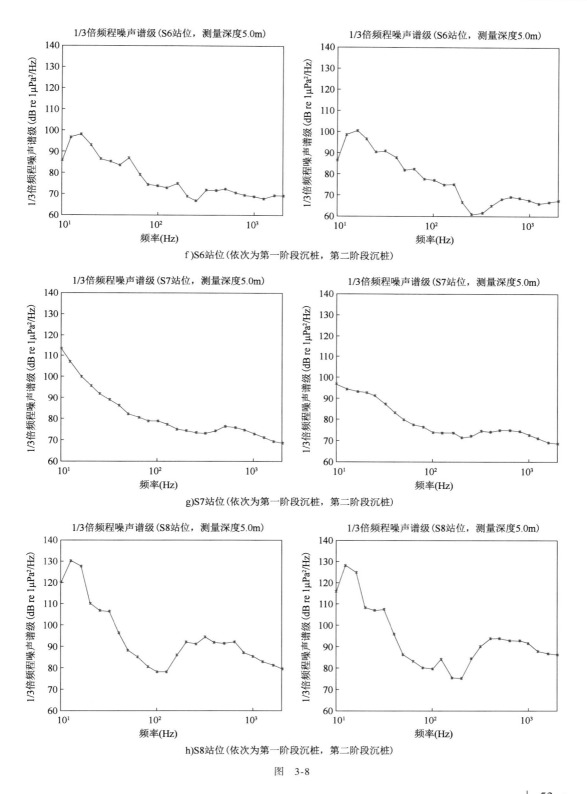

图 3-8

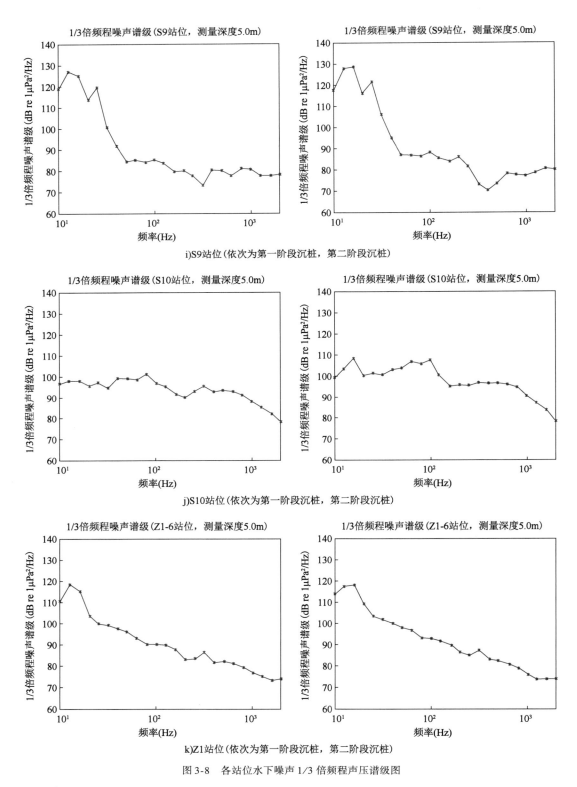

图 3-8 各站位水下噪声 1/3 倍频程声压谱级图

3.2.3　海洋背景噪声测量结果

本项目针对钢护筒沉桩作业水下噪声测量,同时也开展了海洋背景噪声测量。海洋背景噪声是海洋本身的自然特性,是海洋的一个重要声学特征,噪声中包含了关于海面风速、降雨、航船、海洋生物发声等多方面的大量信息。海洋背景噪声特征,通常以噪声的频带声压级、声压谱级、带宽内的总声级等参数来表征。图 3-9 和图 3-10 分别给出了工程海域的背景噪声的频带声压级和声压谱级。与沉桩作业水下噪声频带声压级相比,海洋背景噪声在低频段(50~200Hz)明显低于沉桩作业水下噪声,S3 站位(距钢护筒沉桩 1502m)测量值大于海洋背景噪声 10~20dB(图 3-11)。20~50000Hz 频带内的声压谱级和频带声压级见表 3-2,总声压级为 112.3dB。

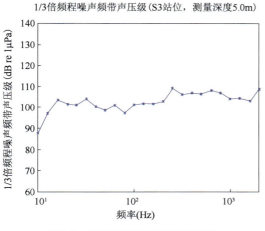

图 3-9　海洋背景噪声频带声压级图

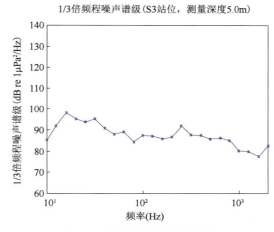

图 3-10　海洋背景噪声声压谱级图

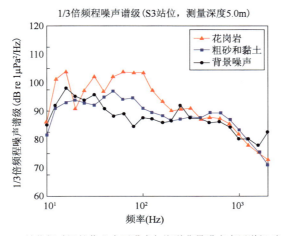

图 3-11　站位振动沉桩作业水下噪声与海洋背景噪声声压谱级对比图

沉桩作业海域海洋背景噪声测量结果 表 3-2

频率点(Hz)	声压谱级(dB)	频带声压级(dB)
20	95.2	101.22
25	93.69	101.47
31.5	95.81	104.26
40	90.86	100.4
50	88.24	98.66
63	89.15	100.91
80	84.44	97.23
100	87.72	101.34
125	87.27	101.89
160	85.98	101.67
200	86.55	103.18
250	91.95	109.58
315	87.54	106.18
400	87.35	107.03
500	85.89	106.53
630	86.4	108.05
800	84.69	107.36
1000	80.4	104.04
1250	79.92	104.52
1600	77.8	103.49
2000	82.56	109.22
2500	75.41	103.04
3150	80.15	108.78
4000	76.82	106.49
5000	73.43	104.07

3.3 水下噪声对宁德三都澳大黄鱼影响分析

3.3.1 水下噪声传播衰减规律

东吾洋特大桥钢护筒低噪沉桩采用振动沉桩,主要分为两个阶段,以3min累积声暴露级为评价指标,测量结果见表3-3。从表中可以看出,在砂土状强风化土层中时(10:42~10:44)的累积声暴露级比在在覆盖层沉桩时段(10:32~10:34)大0.9~3.4dB。累积声暴露级数值超过142.5dB时,大黄鱼有明显反应。由于两个阶段差异较小,且随距离衰减规律相似,因此,本节基于第二阶段沉桩的水下噪声测量结果,拟合分析水下噪声衰减规律。

振动沉桩作业水下噪声测量结果统计表　　　　　　　　　表3-3

测量站位	养殖密度情况	距离（m）	在覆盖层沉桩时段（10:32—10:34）		在砂土状强风化土层沉桩时段（10:42—10:44）		两个时段累积声暴露级的差值(dB)
			累积声暴露级（dB）	鱼的反应	累积声暴露级（dB）	鱼的反应	
打桩点	无鱼	—	—	—	—	—	—
S1	无鱼	33	161.1	—	163.8	—	2.7
S2	养殖密度较大	1241	147.9	鱼群上浮游动,大量聚集在水面,少数跳出水面	150.6	鱼群上浮,游动快,大量聚集在水面,少数跳出水面	2.7
S3	养殖密度大	1502	142.5	鱼群大量出现在水面,聚集,快速游动	145.9	鱼群大量出现在水面,快速游动,聚集在水面,有几只跳离水面	3.4
S4	无鱼	1928	134.2	—	136.1	—	1.9
S5	养殖密度不大	2503	143.1	鱼群出现在水面,快速游动	144.2	鱼群出现在水面,快速游动	1.1
S6	无鱼	2912	132.8	—	133.7	—	0.9
S7	养殖密度小	4091	130.9	无明显反应	133.0	无明显反应	2.1
S8	无鱼	5508	126.1	—	128.1	—	2.0
S9	无鱼	7011	128.1	—	129.6	—	1.5
S10	养殖密度大	675	148.6	鱼群上浮游动,大量聚集在水面,少数跳出水面	151.3	鱼群上浮,游动快,大量聚集在水面,少数跳出水面	2.7
ZI	无鱼	821	150.8	—	152.9	—	2.1

水下声波传输过程中,随着距离的增加而衰减。由于振动沉桩作业水下噪声主要频段分布在200Hz以下频段,因此水体声吸收损失可以忽略,衰减主要来自扩展损失和海面海底界面损失。声传播衰减有三种计算模式:一是经验公式计算,也即按球面扩展或柱面扩展计算,衰减系数介于5～30之间,这种方式与水深有关,虽然忽略了底质、声速等参数,精度有所降低,但能粗略表征声传播衰减情况;二是声传播模型计算,这种方式具有较高的精确度,但需要详细的水深、底质声学特性、声速等参数,对于小型工程,如获取这些参数,成本较高,不太合适工程应用;三是实际监测值拟合,这种方式实用性强,只要施工期能同步监测同一条测线上的三个点,即可拟合出声传播衰减情况。本节基于工程施工期的实际监测值,拟合真实的声传播衰减系数。

对11个站位的3min累积声暴露级拟合得到的声传播衰减表达式为:

$$\mathrm{SPL}_{\mathrm{peak}} = 214.2 - 22.17 \lg r \tag{3-10}$$

其中,拟合优度(R^2)为 0.88。

利用公式(3-9)可知,本次测量水下噪声的 3min 累积声暴露源级为 214.2dB,衰减系数为 22.17,略大于球面扩展,如图 3-12 所示。

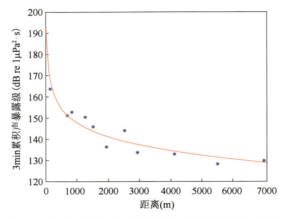

图 3-12 振动沉桩作业水下噪声累积声暴露级拟合衰减曲线

Technical Guidance for Assessment and Mitigation of the Hydroacoustic Effects of Pile Driving on Fish,(2009)Table I.2 – 3 指出,对于 4.2m 钢壳桩,冲击沉桩时产生的水下噪声,160m 处实测值:声暴露 171dB,远大于本工程测量值(133m,3min 累积声暴露级约 163.8dB),相差约 8dB。因此,振动沉桩产生的水下噪声小于冲击沉桩。

3.3.2 大黄鱼的影响阈值分析

宁德三都澳是我国著名的黄花鱼产地,大黄鱼具有鱼类听觉器官,如:内耳(能感觉 16~300Hz 的振动)、鳔(对声波振动起强化作用)、侧线(能感觉 50~150Hz 的低频振动)、气囊等,由它们综合地感觉声波或水体总的振动。研究结果表明,鱼类听觉敏感性等与其鳔的有无、大小、形状及其与内耳的联系方式有关。鱼类的内耳对声场中粒子的位移相当敏感,包括速度和加速度。因此,鱼耳首先应被当作加速度计而不是压力感应器。

鱼类通过控制气囊,可以感应到声场中压强的改变以及粒子的加速运动。一般来说,无鳔的鱼类听觉敏感性很低,可听频率范围也很小,如鲽鱼的可听频率范围仅为 40~50Hz。对于有鳔的鱼类,鳔与内耳的联系方式的差异是它们听觉敏感性及可听频率范围差异的主要原因。通常,内耳和鳔有联系的鱼类与内耳和鳔无联系的鱼类相比,其对高频声具有较大敏感性,并具有较高可听频率上限。但鱼类无论内耳和鳔有无联系,对低频声却几乎都很敏感,其可听频率下限一般均在 50Hz 以上。骨鳔鱼类(如鲤科、鲶科)和鳔耳间有联系的非骨鳔类(石首鱼属、长吻鱼等)均能听到较高频率的声音,这是因为它们的鳔能接收到高频声压波的缘故,并且鱼鳔的形态变异对鱼类的听觉敏感性和可听频率范围有重大的影响。

总体上,鱼类的听觉阈值在不同物种间存在较大差异,但听觉阈值基本呈 U 字形,一般在 30~1000Hz 间,最佳听力范围为 100~400Hz,这与沉桩作业水下噪声能量集中分布频率范围一致。国外利用电生理方法研究了 6 种石首科鱼类的听觉阈值曲线,如图 3-13 所示。国内殷雷明,同样利用该方法研究了大黄鱼的听觉阈值曲线,如图 3-14 所示。可知,大黄鱼的听觉阈值曲线为 U 字形,在低频率段 100~300Hz 的阈值较低,听觉灵敏度逐渐增加,在 500~800Hz 达到最敏感范围,在 500Hz 时最低,在 1000~4000Hz 范围,听觉敏感度随频率增加而不断升高。大黄鱼听觉阈值是大黄鱼感受外界声音的最低值,外界声音在某个频段大于该值时,能够被大黄鱼感知。

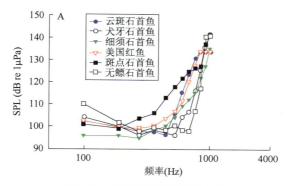

图 3-13　石首科鱼的听觉阈值曲线

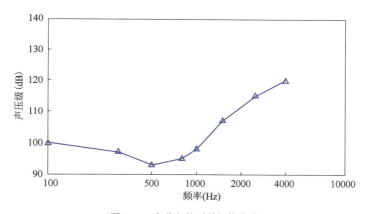

图 3-14　大黄鱼的听觉阈值曲线

除了大黄鱼的听觉阈值之外,大黄鱼的影响阈值是非常关键的参数。依据影响程度,影响阈值又分为行为响应、声掩蔽、听觉暂时性损伤、听觉永久性损伤、物理损伤和死亡等。行为响应属于影响阈值中的最低值,指鱼类能够感受到外界声音并产生行为改变的最小声压级。行为改变包括:瞬时惊吓反应,趋避反应(逃离噪声源),洄游行为改变等。超过行为响应,即认为水下噪声对鱼类产生了影响,但影响不会带来直接伤亡;超过听觉暂时性损伤,即认为产生了严重影响。

美国国家标准学会(ANSI)在 2014 年公开的一则技术报告《声暴露指南:对于鱼类和海龟》中,更新了水下噪声对鱼类影响参考阈值,其中沉桩作业水下噪声对鱼类影响参考阈值见表 3-4。石首科鱼类属于表 3-4 中有鱼鳔,且与内耳有联系的鱼类。由于大黄鱼属于中国特有品种,目前,国外缺少对大黄鱼的影响阈值研究。

沉桩作业水下噪声对声敏感鱼类的参考阈值(ANSI,2014)(单位:dB)　　表3-4

鱼种类	听觉暂时性损伤	物理损伤		致命损伤或死亡	
	SEL_{cum}	SPL_{pk}	SEL_{cum}	SPL_{pk}	SEL_{cum}
无鱼鳔	186	213	216	213	219
有鱼鳔,但与内耳无联系	186	207	203	207	210
有鱼鳔,且与内耳有联系	186	207	203	207	207

《爆破安全规程》(GB 6722—2011)首次对水中声波对鱼类影响的安全控制指标进行了说明,其中石首科鱼类在自然状态下所承受的水中冲击波声压峰值为100kPa(220dB),网箱养殖状态下所承受的声压峰值为50kPa(214dB);《爆破安全规程》(GB 6722—2014)对声波影响下的鱼类指标做了进一步修订,认为石首科鱼类在自然状态下所承受的声压峰值为10kPa(200dB),网箱养殖状态下所承受的声压峰值为5kPa(194dB)。但实际工程应用中发现这一指标值不能完全反映水下噪声对石首科鱼类的影响程度,尤其对于水下噪声,当实际测量的水下噪声声压峰值小于194dB时,仍旧在现场观察到大黄鱼产生了行为反应。因此,宜采用具有一定时间内能量累积效应的声暴露级作为评价指标。

2017—2019年,沙埕港跨海大桥建设过程水下噪声监测对附近养殖区大黄鱼的影响结果表明,隧道爆破产生的水下噪声声暴露级为140～150dB时,大黄鱼会出现行为异常,长期施工带来的累积效应,可能会增加影响程度,出现听觉或物理损伤。2019年,福建港沙埕港区进港航道工程凿岩施工水下噪声监测及对临近海域养殖大黄鱼影响结果表明,海底凿岩产生的水下噪声声暴露级大于140dB时,会对附近养殖区的大黄鱼产生行为影响,表现为浮到水面聚集、快速游动甚至跳出水面。

自然资源部第三海洋研究所在宁德市福鼎水产公司大黄鱼养殖基地开展了大黄鱼对声音响应试验,通过模拟沉桩作业水下噪声,测试了体长20～23cm大黄鱼的听觉响应,结果见表3-5。

水下噪声对大黄鱼影响阈值　　表3-5

鱼体	行为响应		听觉暂时性损伤	物理损伤
	1级:浮出水面、群体聚集、游动加速;声源停止能迅速恢复正常	2级:快速逃窜、远离声源、跳出水面、少量翻肚	声暴露级 SEL_{ss}	声暴露级 SEL_{gs}
	峰值声压 p_{peak}	声暴露级 SEL		
体长20～23cm	100Pa	145dB	168dB	203dB

3.3.3　影响分析

与冲击沉桩作业不同,对于振动沉桩作业,不宜采用峰值声压级作为评价指标。由上节论述可知,对于振动沉桩作业产生的水下噪声,评估其对大黄鱼的影响宜采用声暴露级这一指标。根据表3-5所示,当大黄鱼接收到的水下噪声声暴露级(RSEL)超过145dB时,大黄鱼(体长20～23cm)会产生2级行为响应;超过168dB时,会产生听觉暂时性损伤;超过

203dB 时,产生物理损伤。

对振动沉桩作业,以上述影响阈值为界限,图 3-15 和图 3-16 给出了真实值和拟合曲线得到的大黄鱼影响距离。图 3-15 和图 3-16 中看出,实测值和拟合曲线得到的影响距离存在一些差异,这主要是由于实测值只有零散的一些距离点,受局部海底地形和底质类型差异影响,存在一些起伏,不能确切和充分地体现出其固有的规律;而拟合曲线是通过实测值求得的参数最佳估计,用解析表达式逼近离散数据,从而得到连续距离下的值,反映数据之间的规律。实际工程应用中,应两者结合,综合分析水下噪声对大黄鱼的影响。

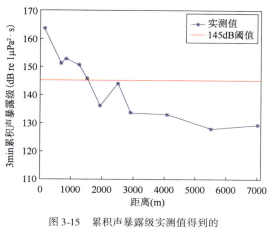

图 3-15　累积声暴露级实测值得到的
大黄鱼行为影响距离

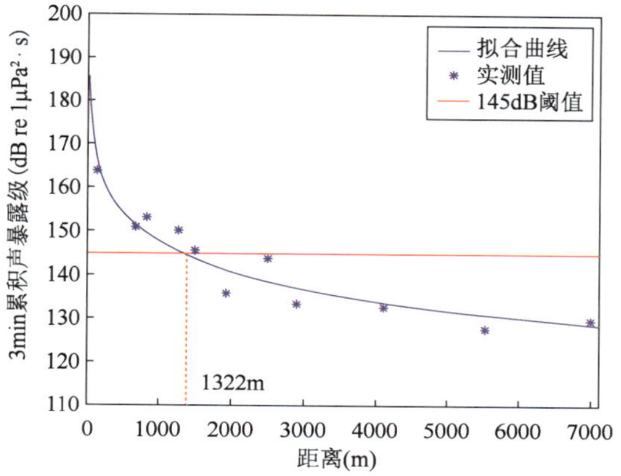

图 3-16　累积声暴露级拟合曲线得到的
大黄鱼行为影响距离

根据基于实测值拟合的曲线计算对大黄鱼造成行为响应、听觉暂时性损伤、物理损伤的影响范围,结果见表 3-6。

水下噪声对大黄鱼的影响　　　　　　　　　　　表 3-6

影响程度	影响距离(m)
行为响应(快速逃窜、远离声源、跳出水面、少量翻肚,累积声暴露级为 145dB 时)	1322
听觉暂时性损伤(累积声暴露级为 168dB 时)	121
物理损伤(累积声暴露级为 203dB 时)	<10

钢护筒在砂土状强风化土层中振动时,大黄鱼的反应会比在其他土层时明显。因此,选择钢护筒在砂土状强风化土层中振动获取的水下噪声结果分析可知,预计在 10m 范围内的大黄鱼会出现物理损伤;在 10~121m 范围内的大黄鱼会出现听觉暂时性损伤;在 122~1322m 范围内的大黄鱼会出现快速逃窜、远离声源、跳出水面、少量翻肚的反应。

试验预测的 2 级行为响应影响距离,是基于 145dB 阈值得出的。但该影响阈值是根据实验室模拟实验得出的,实验条件单一,并且实验大黄鱼的密度较小,几乎不存在群体效应。而海上养殖区,大黄鱼密集大,容易触发群体效应,因此该海域养殖大黄鱼承受的累积声暴露级低于 145dB 时,仍可能呈现出一定的行为响应。本次试验期间,人工观察点现场观察到的大黄鱼实际反应结果,也验证了累积声暴露级数值超过 142.5dB 时,养殖密度较大的大黄鱼出现了行为响应。

3.4 本章小结

综合以上分析可知,本章试验验证了振动沉桩工艺的可行性,得到了振动沉桩工艺对大黄鱼的影响范围,结论如下:

(1)振动沉桩施工对大黄鱼的影响范围小于冲击沉桩施工的影响范围。

(2)振动沉桩施工产生水下噪声峰值声压低,对大黄鱼的瞬时冲击较小,沉桩施工结束后,大黄鱼恢复正常状态较快。

(3)本次进行了10根钢护筒沉桩,每根钢护筒产生的水下噪声强度值存在一些差异,主要由于底质类型造成的。部分钢护筒沉桩施工过程中,遇到硬底质时,会产生瞬时强噪声,从而激发养殖大黄鱼的群体反应,但影响时间较短,不会造成养殖大黄鱼的直接伤亡。

4 钢栈桥施工工艺与受力响应规律

4.1 东吾洋钢栈桥概况

钢栈桥作为一种施工临时结构,在跨江跨海桥梁工程有着广泛的应用,承担着连接施工场地和陆域的职责,起着为施工材料和机械设备的运输提供场地、为施工人员的通行提供通道的作用。海洋环境下,特别是强潮深海区的钢栈桥建设面临着恶劣的自然条件的制约与威胁。

东吾洋特大桥钢栈桥全宽9m,桥面宽8.0m,栈桥实行人车分离,人行道宽1m,桥面高程+7.500m,标准跨径12m,采用排架桩,每排3根桩,桥台采用扩大基础,钢栈桥非制动墩处标准横断面如图4-1所示。

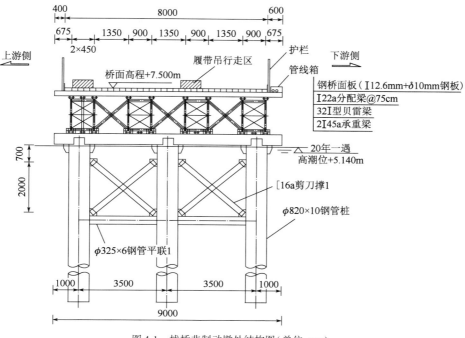

图4-1 栈桥非制动墩处结构图(单位:mm)

(1)钢栈桥基础设计。

栈桥采用钢管桩基础,钢管桩材质为Q235钢材,截面尺寸为A820×10mm,顶高程为桥址海域20年一遇高潮位+5.140m。为减少工程机械启动与制动产生的制动力对钢栈桥结构安全性与稳定性的影响,钢栈桥每隔4跨设置一组制动墩。钢管桩横向布置3根,横向中心间距3.5m;纵向间距按照标准跨径12m,制动墩跨径6m布置。

(2)钢栈桥连系结构设计。

为了提高钢管桩之间的整体性,在每排钢管桩横向之间和制动墩纵向之间均布置平联和斜撑组成的连系结构。栈桥平联与斜撑材质为Q235钢材,平联截面形式为A325×6mm钢管,斜撑截面形式为[16a型钢剪刀撑。平联、斜撑与钢管桩之间采用焊接连接,焊脚尺寸不小于7mm,斜撑端头应根据实际情况切割成斜面,以增大斜撑与节点板的接触面积。

(3)钢栈桥横向承重梁设计。

钢栈桥横向承重梁材质为Q235钢材,截面形式为2I45a双拼工字钢。横向承重梁搭设在钢管桩上,为保证横向承重梁与钢管桩之间连接的可靠性,在钢管桩顶部切割宽度为38cm、深度为32cm的凹槽,凹槽底面焊接20mm厚钢板,横向承重梁嵌入凹槽后,在槽口两侧和下部焊接加劲板将横向承重梁与钢管桩焊接固定。

(4)钢栈桥纵向承重梁设计。

钢栈桥纵向承重梁采用贝雷桁架结构,贝雷桁架结构由321型贝雷片拼接组成。贝雷片材质为16Mn钢材,弦杆截面形式为2[10a型钢,竖杆与斜杆截面形式为I18型钢。贝雷片间采用销栓连接组成贝雷梁;贝雷梁间每隔3m布置90型支撑架进行横向固定,支撑架与贝雷片之间采用螺栓连接;贝雷结构组间每隔3m布置[8型钢剪刀撑将贝雷单元连接成整体。贝雷梁搭设在横向承重梁上,用[10型钢组成的凹型卡焊接在2I45a双拼工字钢上,限制贝雷梁横向位移。

(5)钢栈桥分配梁设计。

钢栈桥横向分配梁与纵向分配梁材质为Q235钢材,截面形式分别为I22a工字钢与I12.6工字钢,布置间距分别为0.75m与0.3m。纵向分配梁在横桥向每隔一定间距采用10槽钢通长焊接防止分配梁倾覆,并将纵向分配梁与横向分配梁连接;横向分配梁在纵桥向采用2根10槽钢通长焊接防止横向分配梁倾覆,并将分配梁工字钢下部开孔与贝雷梁上弦杆采用U形螺栓连接。

(6)钢栈桥桥面系设计。

桥面板采用10mm防滑花纹钢板,材质为Q235钢材。桥面板搭设在纵向分配梁上,与纵向分配梁焊接,焊接满足规范要求。栈桥左右外侧均设置栏杆,栏杆立柱采用I10型钢。栏杆扶手采用中32×3.5mm热轧无缝钢管,其两端与栏杆立柱I10型钢连接,安装完成后安装红白相间的反光贴。

4.2 深海区钢栈桥施工关键技术

覆盖层仅为淤泥时拟采用管桩底部冲孔,浇筑混凝土保证管桩与基岩锚固(图4-2)。冲孔深度1m,孔内浇筑混凝土保证管桩与基岩锚固。

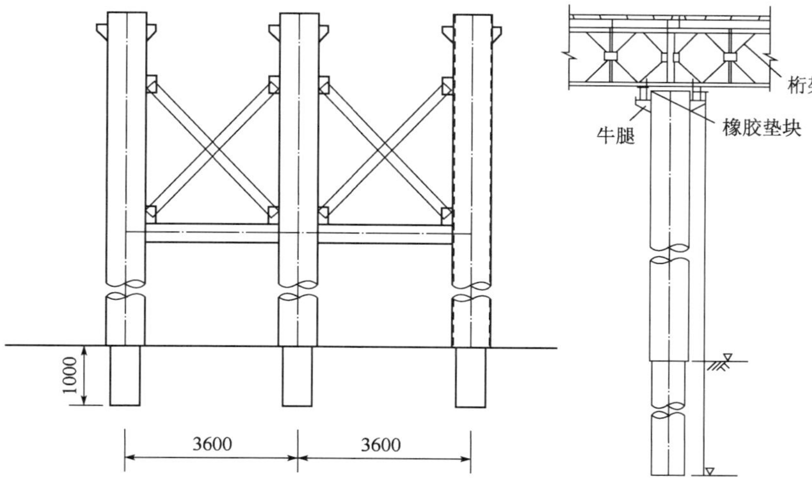

图 4-2 钢管桩冲孔示意图(单位:cm)

钢管桩冲孔施工流程如图4-3所示。需要冲孔的管桩先在钢管上焊接牛腿,在牛腿上安装横梁、贝雷架和分配梁,预留冲孔位置。在栈桥上安装钻机进行冲孔,一排孔全部完成后,安装钢筋笼浇筑混凝土,安装桩顶横梁,拆除牛腿。冲孔桩实际布置数量可根据实际地质情况调整,以保证承载力和稳定性满足要求。裸岩区采用植入式钢管桩施工。

栈桥钢管桩基础采用"钓鱼法"施工,单跨搭设、逐跨推进,由起点向主墩部位逐孔推进。插打钢管桩采用履带式起重机配合振动锤施打,履带式起重机停在已施工完成的栈桥或平台桥面,吊装悬臂导向支架,利用悬臂导向支架精确打入基础钢管桩,钢管桩定位时测量组人员必须用GPS对桩的平面位置进行测量控制。

桩顶铺设好分配梁、贝雷梁及桥面板后,履带式起重机前移,继续插打下一跨钢管桩。按此方法,循序渐进逐孔施工。

1) 施工工艺流程及施工步骤

钢管桩冲孔示意图如图4-3所示。

2) 悬臂定位导向架

钢管桩的定位采用贝雷架与型钢加工形成一个整体悬臂导向架,导向架末端与已铺设完成的栈桥前端贝雷梁销接,导向架前端按设计的桩位预留孔位进行导向。利用已形成的栈桥或平台作为待施工钢管桩的定位导向,导向架定位钢管桩既可靠,又简单易用,避免了水流对钢管桩定位的影响,保证了施工作业的安全。

一排钢管桩振沉完毕后将导向架移开,铺设桩顶横梁、贝雷梁及桥面系,然后转入下一孔栈桥施工。

在施工时,对导向架进行整体吊装。一侧与已施工完成的栈桥贝雷片连接,另一侧悬臂。矩形框架位于钢管桩桩位上方,用以定位钢管桩。

在钢管桩施工过程中,用履带式起重机将钢管桩吊至导向架矩形框中,缓慢下落,通过钢管桩自身重力保证其下落并入土。受水流影响,管桩会出现一定偏斜,由现场施工人员应用"吊线目测法"将偏斜的钢管桩校正。

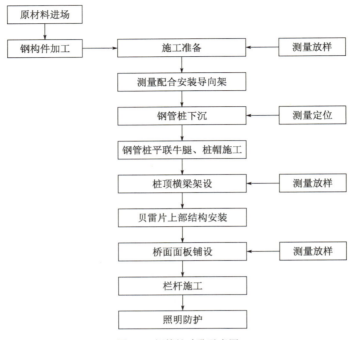

图 4-3 钢管桩冲孔示意图

图 4-4 所示为装配式悬臂导向架沉桩图。

图 4-4 装配式悬臂导向架沉桩图

3)钢管桩的运输、吊装

钢管桩在加工完成后使用平板车运至栈桥作业面处。采用履带式起重机将钢管桩从平板车上平吊至已搭设完毕的栈桥上,并做好固定措施,防止其滚动。采用氧炔焰割炬在钢管桩顶部切割直径 3cm 孔洞以安装卸扣,卸扣安装完成后,履带式起重机起吊将钢管桩竖起,然后吊运至已安装完毕的导向架处,平稳下落。

4)钢管桩的对接

钢管采用螺旋焊管,两节以上成型圆筒钢管采用卧装方法组合拼接,在拼装胎具上进行,为使两段管节正确定位,用样板进行圆度检验,对其焊缝内外接口用卡具压开,组拼后相邻管节的管径差应小于2mm,管节对口的板边高差小于2mm,纵轴线偏差不大于5mm(拉线检查),焊缝要求均采用双面焊。

钢管桩上部对接采用单面坡口焊,环焊缝施焊完毕后,用圆弧形钢板进行对接补强,每个对接断面共均匀布置8块,焊缝高度不小于10mm。上管节吊装就位前,在靠近下管节上口处焊螺旋压马(或挡铁),再将上管节吊放于已处于水平位置的下管节上,上管节由于自重顺导向挡铁落于下管节上(图4-5)。通过斜楔块和螺旋压马,对上拼装管节初步定位。

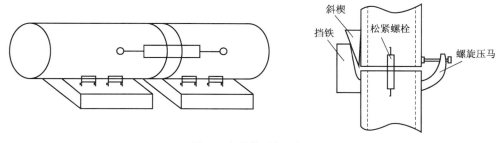

图4-5 钢管桩对接示意图

初步定位后检查上管节的垂直度等情况,符合要求后,环焊缝进行定位焊接。四周均分至少4点施焊长度不小于100mm。确保上管口不至倾覆,方可松掉起吊大钩。

5)履带式起重机配合振动沉桩施工。

首先振动沉桩先进行导向架的加工与安装,首排桩施工时可将导向架与贝雷梁连接并接长一定的长度,锚固在桥台或岸边(图4-6)。

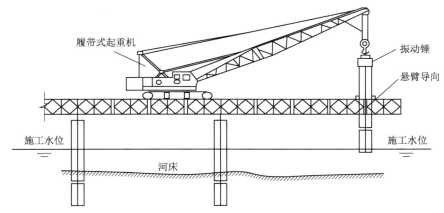

图4-6 履带式起重机振动下沉钢管桩示意图

钢管桩下沉钢管桩插打采用85t履带式起重机配合DZ-90振动锤进行插打,当配备打桩锤与履带式起重机吊臂、吊重受限时,贝雷片可以多悬臂拼装一节。此时,履带式起重机前端与钢管桩中心线水平位置相比,前移距离不大于 2.0m。

6)冲击钻引孔沉桩施工

由于本桥裸岩区覆盖层较薄或无覆盖层,加之海床面倾角角度大,正常振动沉桩难以保证沉桩质量,因对覆盖层较薄或无覆盖层的、海床面倾角无法振动下沉的栈桥钢管桩拟采用冲击跟进引孔沉桩工艺。引沉桩工艺流程为:

搭设临时孔沉桩平台—振动沉钢桩至基岩—冲击钻机冲 2m/次—钢管桩跟进下沉至设计高程—钢管柱基顶接至设计高程—浇筑钢管桩内混凝土安装桩间联结系桩顶分配梁—架设贝雷梁及桥面板—下一跨施工。

临时平台的搭设采用 4 根钢管桩,钢管桩顶部设置砂筒(受力体系转换时使用),顶部分配梁为 2 榀 HN588×300mm 型钢,平联采用[40 型钢,第一排钢管桩立柱设在标准跨径的 9m 处,第 2 排钢管桩拉设在 12m 位置。临时钢管桩采用"钓鱼法"施工,即履带式起重机开至前一跨已完成栈桥距边缘 1m 处,利用前端导向架来完成临时钢管桩定位,履带式起重机与振动锤共同配合下沉临时钢管。临时钢管桩插打完成后,安装施工及时施焊平联,安装钢管立柱顶部砂筒和支撑分配梁,最后安装贝雷梁和桥面板,安装本跨钢管桩的引孔沉桩导向架,开始进行引孔沉桩施工准备。

临时平台施工完成后,履带式起重机停在临时钢栈桥边缘 1m 处,通过引孔沉桩导向架将钢管桩(长度根据设备吊装能力而定)进行定位固定,采用振动锤尽可能将钢管桩下沉一部分,使用导向架对钢管桩顶部进行临时加固后,安装冲击钻机。钻进开始时,使用小冲程,施工过程土层变硬一步步加大冲程,最后转为正常连续施工,在造孔时及时清理残渣,避免埋钻现象的发生。根据钻孔进度及时跟进下沉钢管桩,直至将钢管桩下沉至设计高程,在孔内灌入混凝土。

7)平联、斜撑及分配梁安装

打桩至设计高程后,检查桩的偏斜度及入土深度,其误差均符合要求后,再进行钢管桩间斜撑、平联、桩顶分配梁等的施工。

测量钢管桩顶面高程,通过计算得出钢管桩槽口的切割深度,在钢管桩顶部水平对称切割两个缺口,以安装桩顶横梁。

钢管桩槽口切割完成后,将分配梁吊装至钢管桩上。分配梁采用两根平行且横向连接的型钢,用以横向连接钢管桩,同时传递桥面荷载到钢管桩基础,使基础均匀受力,保证栈桥的整体稳定性。分配梁与钢管桩采用加劲板进行焊接连接。钢管桩下沉作业结束后,用履带式起重机悬吊横桥向平联、斜撑,进行平联、斜撑与钢管桩之间的焊接连接。斜撑端头应根据实际情况切割成斜面,以便增大与节点板的接触面。

8)贝雷架的拼装

栈桥及平台贝雷架采用 321 型贝雷片拼制而成。贝雷架分组依次吊装、运输至栈桥,先与已搭设完成的栈桥或平台连接,再安装支撑架完成两组间拼接。

栈桥架组拼装时,贝雷片与贝雷片间顺桥向采用销栓销接,横桥向支撑花架或剪刀撑连接。贝雷销栓安装完成后,必须安装保险插销,防止贝雷销栓脱落。支撑花架和贝雷片之间用螺栓固定。

9)贝雷梁的运输和架设

贝雷梁架设时,先在下部结构顶横梁上进行测量放样,定出贝雷架准确位置并安装好减震橡胶片,然后用履带式起重机吊装一个安装单元贝雷梁与已建成的栈桥贝雷梁相连,并焊接限位器。贝雷片与桩顶横梁不得采用焊接。一个安装单元贝雷梁完成后,安装另一个安装单元贝雷梁,同时与安装好的贝雷梁用剪刀撑进行连接。依此类推完成整跨贝雷梁的安装(图4-7)。

图 4-7 贝雷梁架设示意图

10)桥面板施工

I22a型钢横向分配梁依次吊装到贝雷上。I22型钢与贝雷之间采用简易U形卡固定,固定完成后再安装桥面板,面板与I12.6型钢之间采用焊接。分配梁与贝雷片不得采用焊接。

11)附属工程施工

面板安装完成后焊接水管电缆支架及护栏。护栏竖杆焊接在面板上,竖杆底部面板与I12.6型钢分配梁之间要求焊接牢固。护栏安装后及时安装灯带等警示设施。

4.3 钢栈桥施工阶段受力响应规律研究

钢栈桥施工阶段的数值模拟模型建立需要准确地描述钢栈桥的几何形状和材料特性。这包括桥梁的长度、宽度、高度,以及钢材的强度、刚度等参数。同时需要考虑施工过程中的各种荷载和边界条件,如自身重量、施工机械的作用力、温度变化等。通过将这些参数输入到数值模拟软件中,可以建立起一个真实可靠的模型。

通过数值模拟模型,可以预测钢栈桥在施工阶段的受力情况、变形程度以及应力分布等关键参数。这些信息对于确定合理的施工方案、选择适当的施工工艺和设备,以及优化结构设计都具有重要意义。此外,数值模拟模型还可以帮助工程师识别潜在的问题和风险,及时采取措施进行调整和改进,从而提高钢栈桥的施工质量和安全性。

4.3.1 施工阶段钢栈桥模型建立

4.3.1.1 荷载参数

1) 永久荷载

永久荷载主要包括栈桥主体结构与附属结构的自重。计算栈桥主体结构自重时,按照实际尺寸建立栈桥模型,定义相应的材料特性,通过有限元软件计算得到自重数值;栈桥上护栏、电线、螺栓等附属结构自重按主体结构自重的5%取值,为考虑附属结构自重影响,在有限元计算模型中将重力系数取为1.05。

2) 基本可变荷载

基本可变荷载主要由汽车荷载和人群荷载两部分组成。其中汽车荷载包括XGC130履带式起重机整机质量125t,工作状态最大吊重20tf,行驶时车速缓慢,故不考虑汽车冲击力。履带长度为7.82m,履带宽度为1.0m,履带中心距为5.65m,侧吊时,履带压力荷载为:30%履带荷载57.54kN/m²、70%履带荷载134.27kN/m²。10m³混凝土罐车满载按40t考虑,空载按16t考虑,共3轴,行驶时控制车速,故不考虑汽车冲击力。轴距1.35m+3.45m,轮距1.8m,满载时轴重标准值自前轴往后轴分别为60kN、170kN和170kN。

人群荷载按桥面满铺考虑,取3.5kN/m²。

3) 其他可变荷载

其他可变荷载主要包括风荷载和流水压力。

(1) 风荷载。

风荷载根据《公路桥梁抗风设计规范》(JTG/T 3360-01—2018)进行计算。本栈桥设计考虑正常使用期和台风期两种风荷载情况,设计基本风速分别为13.8m/s和34.1m/s。

等效静阵风风速计算公式为:

$$U_g = C_v U_d = k_f k_t k_h U_{10} \tag{4-1}$$

式中:U_g——等效静阵风风速,m/s;

U_d——设计基准风速,m/s;

U_{10}——设计基本风速,m/s;

k_f——抗风风险系数,本工程取1.02;

k_t——地形条件系数,本工程取1.0;

k_h——地表类型转换及风速高度修正系数,本工程栈桥主梁取1.187;

C_v——等效静阵风系数,本工程取1.19。

栈桥主梁等效静阵风荷载计算公式为

$$F_g = \frac{1}{2} \rho U_g^2 C_H D \tag{4-2}$$

式中:F_g——作用在主梁单位长度上的顺风向等效静阵风荷载,N/m;

ρ——空气密度,kg/m³,可取为1.25kg/m³;

U_g——等效静阵风风速,m/s;

C_H——主梁横向力系数,本工程取1.5;

D——主梁特征高度,m,本工程取1.886。

根据式(4-1),结合本工程具体数据,进行设计基准风速与等效静阵风风速的计算,依据式(4-2)进行栈桥主梁等效静阵风荷载的计算,计算结果见表4-1。

风荷载参数表　　　　　　　　　　表4-1

参数	正常使用期	台风期
设计基准风速(m/s)	14.04	33.03
等效静阵风风速(m/s)	16.70	39.03
等效静阵风荷载(kN/m)	0.94	6.89

(2)流水压力。

根据《公路桥涵设计通用规范》(JTG D60—2015)第4.3.9条,流水压力标准值计算公式为:

$$F_w = KA\frac{\gamma v^2}{2g} \quad (4-3)$$

式中:K——桥墩形状系数,本工程取0.8;

A——桥墩阻水面积,m^2;

γ——水的重度,kN/m^3;

v——设计流速,m/s;

g——重力加速度,取9.81m/s^2。

根据式(4-3),结合本工程实际数据,进行流水压力标准值的计算,计算结果为103.54kN,同时将流水压力的作用点假定在水位线以下0.3倍水深处。

4.3.1.2　荷载工况

根据车辆荷载的不同,将栈桥工作状态具体划分以下计算工况:工况一,履带式起重机正吊施工;工况二,履带式起重机侧吊施工;工况三,两辆罐车共同行驶在单车道;工况四,两辆罐车分别行驶在双车道;此外,将台风天气考虑为工况五。

各工况下的荷载组合见表4-2。

栈桥各工况的荷载组合表　　　　　　　　　　表4-2

工况	基本组合	标准组合
工况一至工况四	1.2×自重+1.1×0.7×风荷载+1.4×汽车荷载+1.4×水流力+1.4×人群荷载	1.0×自重+0.7×风荷载+1.0×汽车荷载+1.0×水流力+1.0×人群荷载
工况五	1.2×自重+1.1×0.7×台风荷载+1.4×水流力	1.0×自重+0.7×台风荷载+1.0×水流力

4.3.1.3　有限元模型

钢栈桥采用Midas civil进行整体建模,模型建立的主要步骤包括输入材料特性和截面属性,建立节点单元,施加边界条件,施加荷载,计算分析并进行结果查看。

在材料特性方面,贝雷梁材料为16Mn钢材,其余构件材料均为Q235钢材;在节点单元方面,除桥面板为板单元外,其余各构件均为梁单元建立;在边界条件方面,贝雷片之间的销栓连接采用释放销栓方向的梁端约束进行模拟,分配梁与主梁及钢管桩之间采用弹性连接,钢管桩在土中的嵌固采用固结支承进行模拟;在荷载施加方面,人群荷载采用压力荷载作用在桥面板上,车辆荷载以移动荷载的方式施加在对应车道上;风荷载采用梁单元荷载作用在贝雷梁及钢管上,水流力采用节点荷载作用于桩身。

钢栈桥有限元模型的整体示意图与横截面示意图如图4-8所示。

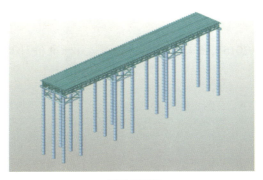
a)整体示意图

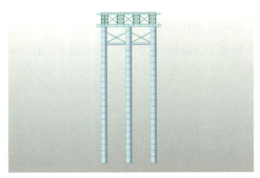
b)横截面图

图4-8 栈桥有限元模型图

4.3.2 深海区钢栈桥力学性能研究

通过对计算结果进行整理总结,得到了钢栈桥结构构件在不同工况下的内力结果,具体如图4-9所示。通过分析最不利工况下钢栈桥结构构件的内力峰值,对其强度与稳定性进行了验算,并指出了最不利工况、荷载峰值的数值与作用位置,具体见下文。

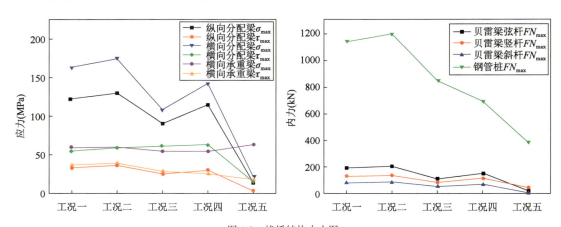

图4-9 栈桥结构内力图

σ_{max}-最大组合正应力;τ_{max}-最大剪应力;FN_{max}-最大内力

1)分配梁

钢栈桥在工作状态下,履带式起重机在中跨跨中位置进行侧吊作业时,纵向分配梁的组合正应力和剪应力达到最大。最不利组合正应力所在边跨的组合正应力包络分布如图4-10所示。组合正应力在纵向主要分布在跨中区域,在横向主要集中在履带式起重机履带作用范围,最大组合正应力 $\sigma_{max} = 131.66 \text{MPa} < 215 \text{MPa}$,位置如图4-10所示;剪应力在纵向主要分布在桩顶区域,在横向主要集中在履带式起重机履带作用范围,最大剪应力 $\tau_{max} = 36.22 \text{MPa} < 125 \text{MPa}$,位置如图4-10所示,对应的折算应力最大值 $\sqrt{\sigma_{max}^2 + 3\tau_{max}^2} = 145.84 \text{MPa} < 236.5 \text{MPa}$,强度和安全性方面满足要求。

履带式起重机在边跨跨中位置进行侧吊作业时,横向分配梁的组合正应力达到最大;两辆混凝土罐车分别在边跨桩顶的左右车道行驶时,剪应力达到最大。最大组合正应力所在边跨的组合正应力包络分布如图4-11所示,组合正应力在纵向主要分布在跨中区域,在横向主要集中在履带式起重机履带作用范围,最大组合正应力 $\sigma_{max} = 174.57 \text{MPa} < 215 \text{MPa}$,位置如图4-11所示;剪应力在纵向主要分布在桩顶区域,在横向主要集中在横配梁与贝雷梁上弦杆接触范围,最大剪应力 $\tau_{max} = 63.23 \text{MPa} < 125 \text{MPa}$,位置如图4-11所示,对应的折算应力最大值 $\sqrt{\sigma_{max}^2 + 3\tau_{max}^2} = 206.08 \text{MPa} < 236.5 \text{MPa}$,强度和安全性方面满足要求。

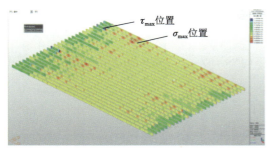 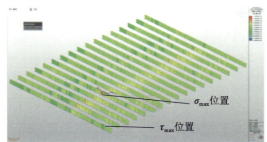

图4-10 横向分配梁组合正应力图　　图4-11 钢管桩轴力图

2)承重梁

履带式起重机在边跨跨中位置进行侧吊作业时,贝雷梁杆件轴力达到最大值。弦杆轴力主要集中在下弦杆的跨中部分,轴力最大值为206.91kN < 560kN;竖杆轴力集中在横向承重梁支承处,且在竖杆与下弦杆连接处存在应力集中现象,考虑在对应处竖杆进行加强措施,轴力最大值为141.29kN < 210kN;斜杆轴力集中在横向承重梁支承处,轴力最大值为93.80kN < 171.5kN,强度方面满足要求。

在台风期,横向承重梁组合正应力达到最大;履带式起重机在边跨跨中位置进行侧吊作业时,剪应力达到最大。所有设定工况下最不利位置处的横承梁组合正应力包络分布如图4-12所示。最大组合正应力 $\sigma_{max} = 63.40 \text{MPa} < 205 \text{MPa}$,最大剪应力 $\tau_{max} = 39.12 \text{MPa} < 120 \text{MPa}$,折算应力最大值 $\sqrt{\sigma_{max}^2 + 3\tau_{max}^2} = 92.79 \text{MPa} < 1.1f = 225.5 \text{MPa}$,满足要求。图4-13所示为钢管桩轴力图。

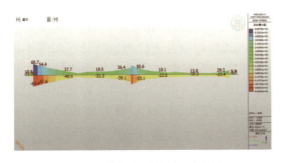

图 4-12 横向承重梁组合正应力图　　　　图 4-13 钢管桩轴力图

3) 钢管桩

钢管桩桩顶高程按 +5.494m 考虑，桩底高程 -16.006m，入土深度 4.006m，桩长 21.5m。土层信息度参考地勘报告，见表 4-3。

钢管桩土层信息表　　　　表 4-3

序号	岩性	土层厚度（m）	侧摩阻力标准值（kPa）	端摩阻力标准值（kPa）
1	碎石	0.3	30	—
2	碎块状强风化花岗斑岩	1.2	120	7000
3	中风化花岗斑岩	—	120	7000

(1) 稳定性验算。

钢管桩嵌固点计算参考《码头结构设计规范》(JTS 167—2018) B.3.2 条，桩的相对刚度系数

$$T = 1.54$$

本工程系数 η 取 2.0，则桩的受弯嵌固点距泥面的深度为：

$$t = \eta T = 2.0 \times 1.54 = 3.08 \text{m}$$

钢管桩轴力分布如图 4-13 所示，最大轴力为 1201.05kN，最大弯矩为 379.78kN/m²。通过计算可知，钢管桩稳定性满足规范要求。

(2) 桩基承载能力计算。

荷载效应标准组合作用下，桩底最大竖向力为 733.75kN。通过计算可知，桩基承载能力计算满足规范要求。

4.4　UHPC 桥面板的应用分析

使用传统的海上栈桥桥面板，桥面极易损坏，寿命周期短。UHPC 桥面板优异的力学性能和耐久性可以有效提升桥面刚度，降低桥面应力，延长抗疲劳寿命，其优异的抗氯离子渗透性能有效解决了传统钢桥面板易疲劳开裂以及沥青混凝土铺装层使用寿命短、易开裂、车辙等典型病害问题，同时节省了工期和设备成本。

1）技术特点

通过改善细集料的级配,减小材料间的空隙,增大了集料的密实度;减少水的用量,采用大量超细级粉料来降低水灰比,增加强度;掺加纤维来改善混凝土的韧性,增强抗弯、抗拉能力,成品桥面板质量轻、强度得到更大改良。

2）工艺原理

UHPC 混凝土的受力模式不同于传统的混凝土,是钢和混凝土共同工作的新模式。首先,超高性能混凝土是依据细料致密法的理论,剔除粗集料,采用超细颗粒填充水泥颗粒堆积体系的空隙,以达到最大密实度,从而配置出超高强度的水泥基体。其次,高密实度的水泥基体大幅提高了与钢纤维的黏结力,使得纤维的抗拉强度能够充分发挥,从而提高了混凝土的抗拉、抗裂性能。

3）关键技术

(1) 材料选用及配合比。

为保证良好的工作性能,UHPC 桥面板材料本身的颗粒形态和堆积状态对工作性能与抗压强度有重要影响,经试验研究,高性能混凝土原材料及特性见表4-4。

高性能混凝土原材料及特性 表4-4

材料	材料性能
水泥	海螺 P.I52.5R 水泥
硅灰	比表面积 $18000m^2/kg$,SiO_2 含量 93.8%
石英砂	粒径为 0.075~2.360mm,连续级配
钢纤维	平直型镀铜钢纤维,长度 13mm,直径 0.2mm,抗拉强度大于 2850MPa
减水剂	含固量为 33%,减水率为 34.6%

UHPC 预制桥面板设计强度等级为 C100,设计要求的钢纤维掺量较高,因此应严格控制施工配合比,避免钢纤维加入过量。具体配合比见表4-5。

高性能混凝土配比 表4-5

水泥	硅灰	复合掺合料	石英粉	石英砂	钢纤维	水	减水剂	内养护剂
850	240	100	35	850	235	153	45	5

(2) 钢筋骨架。

UHPC 桥面板钢筋骨架(图4-14)进行设计及优化,在满足各项受力指标的前提下,减轻了桥面板钢筋骨架的重量,节约了材料,减少了周转费用。

(3) 掺加钢纤维。

钢纤维混凝土施工的关键是钢纤维(图4-15)能否均匀分散到混凝土中,因此钢纤维的投料和拌和工序要严格控制。拌和工序如下:先将钢纤维及粗集料投入拌和机搅拌 30s,使钢纤维均匀分散至石子中,不致结团;再将砂和水泥等投入拌和机中干搅拌 30s,再在转动着的搅拌机中加水湿拌,总的搅拌时间要较普通混凝土的搅拌时间延长 30~60s。

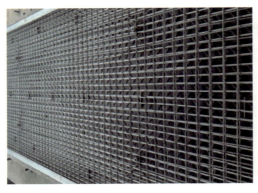
图 4-14　钢筋骨架

图 4-15　钢纤维

预制过程中,通过 UHPC 材料合适的振动频率,减少了混凝土气泡,使材料密实度更高,保证了桥面板质量。

桥面板未掺入钢纤维时,试件内部存在较多孔隙和其他缺陷,受压过程中为压剪破坏,当有纤维加入试件中时,一方面钢纤维能够约束变形,产生"环箍效应",另一方面抗拉强度高的钢纤维能够抑制微裂纹的发展。在此过程中,钢纤维与基体不断发生黏结滑移,钢纤维与基体间良好的黏结力使其消耗了大量能量,因此试件抗压能力提高(图 4-16)。

图 4-16　高性能混凝土试块抗压试验

(4)养护工作。

本工程所预制混凝土桥面板厚度仅 10cm,无粗集料浇筑,养护不到位,很容易出现收缩裂纹。桥面板浇筑完成后采用篷布对成品进行全覆盖并静置,到达强度拆模完成后通过水养 7d,再通过模板小车将桥面板与底模整体运输至高温蒸养棚进行恒温恒湿蒸汽养护。

(5)UHPC 桥面板结构优化。

在桥面板制作及应用中,桥面板边缘在行车荷载作用下易被压坏造成面板边缘混凝土脱落。针对此问题,对 UHPC 桥面板进行了包钢处理(图 4-17),采用钢板对 UHPC 桥面板包边处理后面板边缘不再损坏。在吊装过程中,始时采用的是螺纹螺栓吊点以及在桥面板侧部设置的吊点,经施工发现,此方法吊装时安装挂钩较为复杂且装卸时间较长,针对此,对吊点进行了结构优化,如图4-18所示。

图4-17　包边效果对比

图4-18　吊点优化效果对比

4) 应用效果

G1514宁德至上饶国家高速公路福建省霞浦至福安段路基土建工程A5合同段浒屿特大桥钢栈桥应用预制高性能UHPC桥面板,目前高性能桥面板800块已全部预制完成,综合试验结果显示,UHPC桥面板平均板厚度100cm,抗压、抗拉能力均为传统混凝土板的2~3倍,强度最大可达到C120,且安装后桥面整体效果美观、耐用(图4-19)。

5) 经济性与社会性效益分析

高性能桥面板采用0.4mm纤维,成本约为12000元/t,可用于制作4片面板,平均单个桥面板造价为3000元，相较普通混凝土面板成本较高，但桥面板重复利用率更高，减少了制作的水泥投入，符合节能减排的国策。通过本项目的成功应用，不但填补了国内同类型产品的实例应用空白，具有极大的参考意义，同时也对推动行业向高质量、环境生态友好方向发展，对水泥制品和工程结构升级换代具有重要意义。

图 4-19　UHPC 桥面板

4.5　本章小结

钢栈桥工程是至关重要并且难度显著的一项跨海桥梁工程，起着为施工材料和机械设备的运输提供场地、为施工人员的通行提供通道的作用。本章重点介绍了深海区钢栈桥施工工艺与关键技术，并对钢栈桥施工阶段的受力响应和稳定性进行了数值模拟和理论计算。得到了以下的结论：

（1）综合考虑技术经济性和施工组织等因素，提出钢栈桥施工流程。在借鉴已有的钢栈桥施工技术的基础上，系统性提升了钢栈桥施工工艺，并取得了显著成效。

（2）通过理论分析和数值模拟验证，施工阶段钢栈桥的应力、承载能力等强度指标和安全性均满足规范要求。

（3）提出了 UHPC 桥面板工艺原理和关键技术。UHPC 桥面板平均板厚度100cm，抗压、抗拉能力均为传统混凝土板的 2~3 倍，强度最大可达到 C120，且安装后桥面整体效果美观、耐用。

5

海上独立施工平台关键技术

海上独立施工平台是专门用于深水桩基础的临时施工平台,其设计旨在以打设的桩基钢护筒为基础,通过平联、十字挂桩梁和钢板梁等稳固和承重传导构件的组合,形成一个稳定可靠的施工平台(图5-1)。该平台采用模块化施工方式,通过工厂预制的定型构件,在经过检验合格后,运输至现场并利用浮式起重机进行安装。

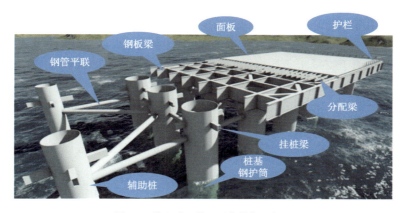

图 5-1　海上独立施工平台结构示意图

海上独立施工平台的构件在工厂中经过精确加工,确保了其质量和可靠性。同时,该平台的组装过程受到严格的质量控制和监督,确保每个模块的安装和连接符合设计要求。这为深水桩基础的施工提供了可靠的基础,并保证了施工平台的稳定性和安全性。

海上独立施工平台采用模块化施工方式,通过预制构件和浮式起重机安装,具有降低施工难度、加快施工进度和缩短建设周期的优势。这种施工方式有效地提高了海上独立施工平台的施工效率和质量,并为深水桩基础的建设提供了可靠的支撑。通过模块化施工,海上独立施工平台能够快速搭设完成,为工程项目的顺利进行做出重要贡献。

5.1 深海环境下独立施工平台模块化施工关键技术

5.1.1 施工平台设计

超水深海域施工平台的设计须充分考虑施工水位及潮水的影响,并按相关规范的要求选取参数。经过对东吾洋特大桥所处海域历年水位情况综合考虑,将平台梁底面高程定为+5.342m,桩间平联高程定为+2.50m。

平台以钢板梁作为主要的承重系统,其材质为Q235B,梁高2.572m,翼缘宽0.5m,翼缘板厚36mm,腹板厚20mm,梁上设置16mm厚横纵向加劲肋,支点处设置30mm厚支撑加劲肋,现场钢梁之间采用等强焊接并加焊补强板的方式连接。为提高平台的整体性,在钢梁与护筒之间用2[32a型钢连接杆焊接,在钻孔时将连接杆割除。在两块钢梁之间顶底和翼缘各增设一道2[32a型钢斜撑,以提高平台的侧向刚度。

钢梁支承于十字挂桩梁之上,十字挂桩梁由十字梁与外伸牛腿两部分组成,主墩护筒与辅助桩十字梁均采用箱形截面,主墩护筒十字梁高882mm、宽500mm、顶底板厚20mm、腹板厚16mm。辅助桩十字梁高840mm、宽420mm、顶底板厚20mm、腹板厚20mm,外伸牛腿除腹板厚度为36mm,其余尺寸均与十字梁截面相同,外伸牛腿与十字梁之间采用M3010.9级高强螺栓等强连接。

在护筒上开孔用于支承十字挂桩梁,开孔尺寸为950mm×580mm,护筒与十字梁支承之处采用外侧加焊钢板加强,以提高护筒支承处的承压承载能力。

主墩平台架设跨度32m门式起重机作为下放钢筋笼的起重设备,门式起重机轨道梁采用HW400×408型钢,轨道梁放置于钢板梁之上,并用加紧肋与钢板梁焊接。在承台两侧各补2根直径2.5m钢管桩作为辅助桩,辅助桩壁厚26mm,加强段壁厚36mm,以满足门式起重机下放角桩与边桩的要求。

平台龙门支腿外侧设置走道平台便于工人走动,走道平台由三角托架与组合面板构成,三角托架采用2[10a型钢加工,现场与钢板梁焊接。

平台搭设顺序图如图5-2所示。

桩基钻孔时需先将钢护筒上方6m×6m范围内面板、分配梁的整体拆除,再将钢护筒上十字挂桩梁拆除,最后割除钢护筒与钢板梁之间的连接杆,待桩基混凝土浇筑完成后将该部位平台恢复,移动到平台其他区域施工,桩基全部完成后,将除钢护筒外其他材料倒用至其他墩处使用。

5.1.2 独立平台模块化施工工艺研究

在海上独立平台设计的基础上,研究提出了深海环境下独立平台模块化施工工艺流程,如图5-3所示。

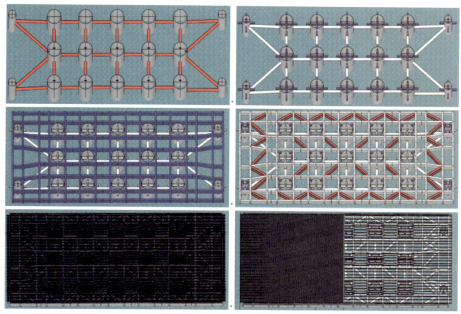

图 5-2 平台搭设顺序图

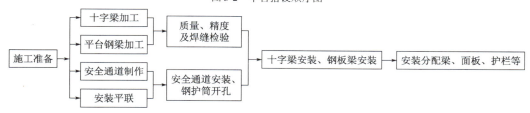

图 5-3 深海环境下独立平台模块化施工工艺流程图

1）平联施工及施工通道安装

钢护筒连接平联选用直径 820mm 的钢管作为材料，采用吊篮施工方式。钢护筒打设完成后复测钢护筒平面位置以及垂直度。利用得到的数据对平联钢管进行切割，切割前根据豁口深度、钢护筒及平联钢管的直径计算出预留部分的长度，为平联的安装留有调节空间。对平联与护筒连接处加工时，在专用模具上加工可以确保平联与钢护筒贴合紧密（图 5-4）。

a)

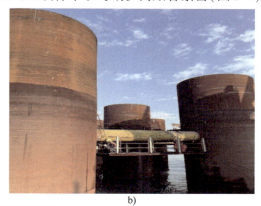
b)

图 5-4 平联加工及安装

为方便后续施工,在平联上方的钢护筒四周安装施工平台,外侧及平联一侧装上护栏以保证安全(图5-5)。

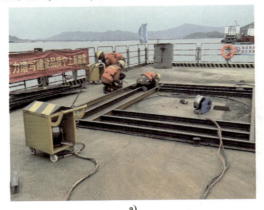
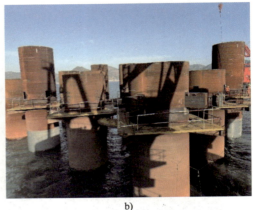

a)   b)

图5-5 安全通道加工及安装

2)钢护筒开孔以及挂桩梁安装

在部分施工通道完成后,进行钢护筒开孔,开孔尺寸四周各预留3~4cm调整空间,切割完成后,在护筒内外壁以及开口下端设置加劲板,防止后续受力集中导致护筒壁变形扭曲。各个护筒开孔底高程要保证一致,在精确测量单根护筒上某个开孔底高程后,以该点为基准采用连通管对该根钢护筒上其他同高程的点进行放样(图5-6)。

a)   b)

图5-6 开孔高程控制示意图

开孔完成后进行十字梁的预拼装,十字梁上共设置四个外伸牛腿,每个外伸牛腿与十字梁连接处设置有8块加劲板由高强螺栓连接。预拼完成后将十字梁进行安装,安装完成后,依次安装四个外伸牛腿。采用螺栓将十字梁与外伸牛腿连接,用扭矩扳手将螺栓拧紧(图5-7)。十字挂桩梁安装完成后应复测梁顶高程,确保挂桩梁顶高程偏差不大于5mm。在十字挂桩梁与钢板梁的连接处设置钢垫板,方便拆卸的同时也可以对钢板组合梁顶高程进行调整。

a) b)

图 5-7 十字挂桩梁拼装示意图

3）钢板梁制作与安装

（1）钢板梁模块制作。

平台主要承重系统形式为钢板梁，由具备相应钢结构加工制造资质的厂家加工。钢板梁加工完成后，在平整场地的胎架上进行试拼，拼装完成后，检查各项尺寸，满足规范及图纸要求后，运输至现场使用（图 5-8）。

图 5-8 钢板梁模块加工

(2)钢板梁模块安装顺序。

单个主墩施工平台由21块钢板梁组成,即使在对钢板梁模块序号进行编号的情况下,施工平台钢板梁模块的安装进度也较为缓慢。为提高安装效率,钢板组合梁安装顺序采用以中心模块为参照向四周辐射的方式,反复测量调整定位中心模块的位置偏差后,以中心模块作为参照向两边进行其他模块的安装,悬空模块在两侧模块安装完成后进行安装。安装顺序如图5-9所示。

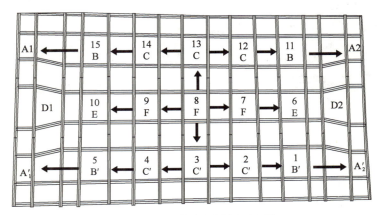

图5-9　钢板梁模块安装顺序示意图

(3)钢板梁模块安装。

钢板梁模块采用300t浮式起重机安装。安装钢板组合梁时设置缆风绳,进行精确调整时,设置限位装置进行高程和模块位置的控制(图5-10)。在将钢板梁模块调整到位后使用专业的焊接吊篮对钢板梁模块进行焊接,以减少焊接难度加快施工进度。

图5-10　模块安装

钢板梁模块安装完成后,焊接钢板梁与护筒之间的连接杆,使之形成一个整体以提升整个平台的稳定性。最后焊接钢板梁内的斜撑,确保在钢板梁使用期间不会产生较大扭曲变形,从而影响到平台的侧向刚度和安全性(图5-11)。

4)分配梁安装

钢板组合梁部分安装完成后即可进行分配梁的安装,分配梁的布置既要考虑平台上施工器械的移动荷载,也要兼顾桩基施工钻机站位的要求(图5-12)。为了方便后续钻孔时钢护筒上方6m×6m范围内分配梁的整体拆除,将该范围分配梁上端与后续桥面系焊接形成整体,下端直接搭在钢板梁上,其他部位均采用焊接固定。

图5-11 斜撑焊接

图5-12 分配梁安装

5)平台纵向分配梁、面板及安全围护安装

平台纵向分配梁及面板搭设完成一定面积后,在已搭设的平台上布置一台履带式起重机负责小部件的吊装,以加快平台纵向分配梁以及面板铺设速度(图5-13)。待施工平台单边的面板铺装完成后进行安全护栏的安装。

图5-13 平台面板铺设

5.2 深海环境下独立施工平台受力响应分析

桥墩平台上部构造从上到下依次是组合面板（10mm 花纹钢板、I12.6 工字钢纵向分配梁）、[45a 型钢分配梁、钢板梁、十字挂桩梁。

钢板梁作为主要的承重系统，其梁高 2.572m，翼缘宽 0.5m，翼缘板厚 36mm，腹板厚度 20mm，钢板梁设置横纵向加劲肋，加劲肋厚 16mm，支点处设置支撑加紧肋，加劲肋厚 30mm，钢板梁之间现场等强对接并加焊加强板。钢板梁与护筒之间采用 2[32a 型钢连接杆焊接以提高平台的整体性，在钻孔时把连接杆割除，保证护筒不受力。除了采用连接杆与护筒连接来保证平台的整体性外，还设置了钢板梁之间的斜撑，斜撑采用 2[32a 型钢加工，现场在顶底翼缘处各焊接一道，提高平台的侧向刚度。

钢板梁支乘于十字挂桩梁之上，十字挂桩梁分十字梁与外伸牛腿两部分，十字梁组成箱形截面。梁高 882mm、宽 500mm，顶底板厚 20mm，腹板厚 16mm；外伸牛腿采用箱形截面，梁高 840mm、宽 420mm，顶底板厚 20mm，腹板厚 36mm。外伸牛腿与十字梁之间采用 M30 10.9 级高强栓等强连接。

护筒上开孔用于支承十字挂桩梁，开孔尺寸为 900mm×500mm，护筒与十字梁支承之处采用外侧加焊 20mm 钢板加强，提高护筒支承处的承压承载能力。

引桥墩平台架设跨度 22m 门式起重机作为下放钢筋笼的起重设备，门式起重机轨道梁采用 HW400×408 型钢，轨道梁放置在钢板梁之上，并用加劲肋与钢板梁焊接。为满足门式起重机下放角桩与边桩的要求，在承台两侧各补 2 根直径 2.5m 钢管作为辅助桩。辅助桩壁厚 26mm，加强段壁厚 36mm。

平台龙门支腿外侧设置走道平台，走道平台采用三角托架与上铺组合面板的形式，三角托架采用 2[10a 型钢加工，现场与钢板梁焊接。平台平面、立面布置如图 5-14 和图 5-15 所示。

1）荷载参数

（1）平台自重：钢材重度 78.5kN/m³。

（2）130t 履带式起重机：自重约 1300kN，单履带接触面积 6850mm×900mm，考虑侧吊 20t 吊重工况，侧吊时，70% 重量作用于一条履带，最大分布为 128.1kN/m²；整体分析时，考虑 15kN/m² 全平台满布压力荷载。

注：局部分析用于计算面板与分配梁，整体分析用于计算钢板梁、挂桩梁等。

（3）5000 型回旋钻机：钻机自重约 800kN，钻机 + 钻头重约 3100kN，最大扭矩 450kN·m。

（4）260t 门式起重机：自重约 2000kN，单侧滚轮间距如图 5-16 所示。

（5）钢筋笼自重：最重 2634kN。

（6）沉渣箱：装满钻渣重约 600kN，尺寸 4.5m×2.2m，分布荷载为 60.6kN/m。

（7）钻杆存放区：满载重约 300kN，尺寸 4.5m×4.5m，分布荷载为 14.8kN/m。

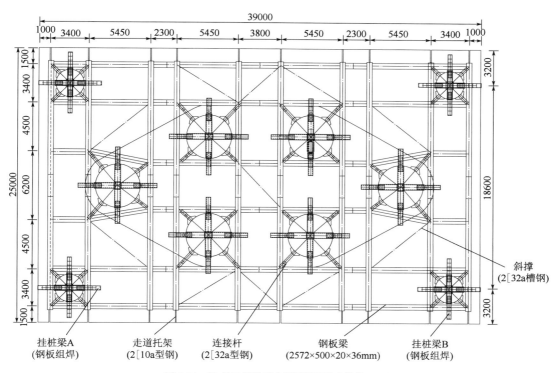

图 5-14　12 号引桥墩平台平面图(尺寸单位:mm)

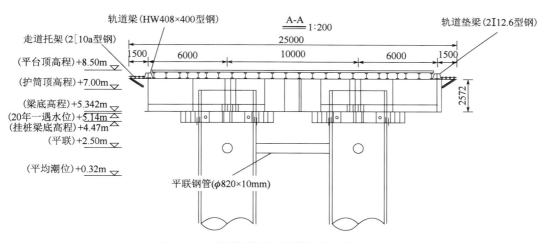

图 5-15　12 号引桥墩平台断面图(尺寸单位:mm)

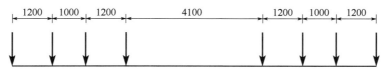

图 5-16　门式起重机单侧滚轮间距(尺寸单位:mm)

(8)风荷载(以台风期为例):
风速按照《公路桥梁抗风设计规范》(JTG/T 3360-01—2018)计算:
基本风速
$$U_{10}=37.9\text{m/s}$$

平台设计基本风速
$$U_{s10}=1.174\times37.9=44.5\text{m/s}$$

平台基准高度 Z 处(按 A 类地面考虑,Z 为距地面或水面的基准高度,取 10m)的设计基准风速 $U_d=1.0\times(10/10)0.12\times44.5=44.5\text{m/s}$。

等效静阵风风速 $U_g=1.28\times44.5=57.0\text{m/s}$,静阵风系数按水平加载长度 72m 选取。

钢板梁上的风荷载可由下式计算,可得:
$$F_H=\frac{1}{2}\rho U_g^2 C_H D$$

式中:ρ——空气密度(kg/m³),取为 1.25kg/m³;
U_g——等效静阵风风速(m/s);
C_H——主梁横向力系数,取 1.3;
D——主梁特征高度,取 2.572m。

则:
$$F_H=0.5\times1.25\times57.0^2\times1.3\times2.572=6.8\text{kN/m}$$

(9)波流力:参考《东吾洋特大桥海床稳定性、冲刷、波流力计算研究报告》,按"20 年一遇高潮位 +20 年一遇波浪"考虑。波浪平均高度 $H=1.47\text{m}$,波浪平均周期 $T=5.5\text{s}$,波长 $L=47.5\text{m}$,水流速度 $U=2.0\text{m/s}$。

一般冲刷深度按《东吾洋特大桥海床稳定性、冲刷、波流力计算报告》,主墩与过渡墩取 $h_p=3.63\text{m}$,引桥墩取 $h_p=4.6\text{m}$,主墩与过渡墩护筒直径 $B_1=4.4\text{m}$,引桥墩护筒直径分为 4.4m 及 4.0m,保守考虑护筒直径按 $B_1=4.4\text{m}$ 计算,辅助桩直径 $B_1=2.5\text{m}$,河床主要以黏性土为主,按 $h_p/B_1\leq2.5$ 计算 20 年一遇流速下的局部冲刷深度。

主墩、过渡墩局部冲刷深度为:$h_b=3.93\text{m}$。

引桥墩局部冲刷深度为:$h_b=4.02\text{m}$。

主墩、过渡墩辅助桩局部冲刷深度为:$h_b=2.80\text{m}$。

引桥墩辅助桩局部冲刷深度为:$h_b=2.86\text{m}$。

根据《港口与航道水文规范》(JTS 145—2015)及《东吾洋特大桥海床稳定性、冲刷、波流力计算报告》得到作用在护筒及辅助桩上的波流力数据见表 5-1。

波流力及桩底力矩 表 5-1

类型	计算水位(m)	重现期(a)	单桩水平力(kN)	单桩对底弯矩(kN·m)
4.0m 桩径引桥墩	+5.14	20	774	23404
3.6m 桩径引桥墩	+5.14	20	643	19033

续上表

类型	计算水位(m)	重现期(a)	单桩水平力(kN)	单桩对底弯矩(kN·m)
4.0m桩径引桥墩辅助桩	+5.14	20	567	18467
3.6m桩径引桥墩辅助桩	+5.14	20	419	11200

2)工况分析及荷载组合

引桥墩桩基钻孔顺序如图 5-17 所示。根据桩基钻孔顺序分析平台受力,分析工况如下。

(1)第一轮钻孔。

工况一:2 号和 5 号桩基正常钻孔,履带式起重机在平台上作业,遇到 20 年一遇波流力及施工风荷载。

工况二:2 号桩下钢筋笼,5 号桩基正常钻孔,履带式起重机在平台上作业,遇到 20 年一遇波流力及施工风荷载。

工况三:2 号桩浇筑完成并装回挂桩梁,1 号和 5 号桩钻孔,履带式起重机在平台上作业,遇到 20 年一遇波流力及施工风荷载。

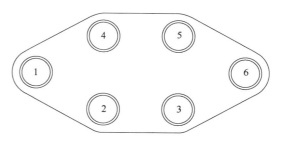

图 5-17 引桥墩桩基钻孔顺序

工况四:2 号桩浇筑完成并装回挂桩梁,1 号桩钻孔,5 号桩下钢筋笼,履带式起重机在平台上作业,遇到 20 年一遇波流力及施工风荷载。

(2)第二轮钻孔。

工况一:1 号和 6 号桩基正常钻孔,履带式起重机在平台上作业,遇到 20 年一遇波流力及施工风荷载。

工况二:1 号桩下钢筋笼,6 号桩基正常钻孔,履带式起重机在平台上作业,遇到 20 年一遇波流力及施工风荷载。

荷载组合:荷载组合见表 5-2。分项系数根据《建筑结构荷载规范》(GB 50009—2012)采用,临时结构重要性系数取 0.9。

荷载组合 表 5-2

设计状态	组合类型	荷载组合
工作状态	基本组合	0.9×[1.2×(自重+沉渣箱+钻杆)+1.4×(钻机自重+门式起重机自重+钢筋笼自重+履带式起重机)+1.4×0.7×(工作状态风荷载+波流力)]
	标准组合	1.0×[1.0×(自重+沉渣箱+钻杆)+1.0×(钻机自重+门式起重机自重+钢筋笼自重+履带式起重机)+1.0×0.7×(工作状态风荷载+波流力)]
	准永久组合	1.0×[1.0×(自重+沉渣箱+钻杆)+1.0×(钻机自重+门式起重机自重+钢筋笼自重+履带式起重机)+1.0×0.4×(工作状态风荷载+波流力)]

续上表

设计状态	组合类型	荷载组合
非工作状态	基本组合	0.9×[1.2×(自重+沉渣箱+钻杆)+1.4×(钻机自重+门式起重机自重+履带式起重机)+1.4×0.7×(非工作状态风荷载+波流力)]
	标准组合	1.0×[1.0×(自重+沉渣箱+钻杆)+1.0×(钻机自重+门式起重机自重+履带式起重机)+1.0×0.7×(非工作状态风荷载+波流力)]
	准永久组合	1.0×[1.0×(自重+沉渣箱+钻杆)+1.0×(钻机自重+门式起重机自重+履带式起重机)+1.0×0.4×(非工作状态风荷载+波流力)]

3)结构设计计算

采用 MIDAS 建立平台计算模型,模型如图 5-18 所示。

(1)面板系统计算。

分配梁、面板纵梁及面板布置形式与主墩保持一致,所以强度和刚度满足要求。

(2)钢板梁计算。

引桥墩平台为主墩平台倒用,且受力小于主墩平台,所以钢板梁强度、刚度、整体和局部稳定性满足规范要求。

(3)钢护筒挂桩梁计算。

由于主墩挂桩梁倒用到桩径 3.6m 平台护筒,钢板梁支承在挂桩梁上,支点处最大悬臂可达 1.1m,经过对每个轮次每个工况的计算,钢板梁最不利受力出现在第一轮工况四的情况下,挂桩梁应力如图 5-19 和图 5-20 所示。

图 5-18　平台计算模型

挂桩梁最大正应力为 190.0MPa < 205MPa,满足规范要求。

挂桩梁最大剪应力为 46.7MPa < 120MPa,满足规范要求。

挂桩梁最大挠度为 11.1 - 9.5 = 1.6mm < $L/250$ = 450/250 = 1.8mm,满足规范要求。

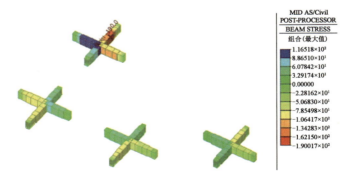

图 5-19　挂桩梁正应力(尺寸单位:MPa)

图 5-20 挂桩梁剪应力（尺寸单位：MPa）

（4）辅助桩挂桩梁计算。

辅助桩挂桩梁布置形式与过渡墩一致，且受力小于过渡墩，所以强度和刚度满足规范要求。

（5）钢护筒计算。

①护筒承载能力计算。护筒受力最不利工况出现在第一轮工况四，护筒顶竖向力标准值 $N=5146.4$ kN，根据设计图纸中要求，护筒进入粉质黏土层深度不小于 5m 或者进入砂土状强分化花岗斑岩不小于 2m，考虑 4.02m 局部冲刷，按 NXQ123 号钻孔柱状图数据（表 5-3），根据《建筑桩基技术规范》（JCJ 94—2008）第 5.3.8 条计算得到护筒竖向承载力特征值 $R_a=6573.9$ kN。

NXQ123 号钻孔柱状图数据　　　　表 5-3

岩土名称	土层底深度（m）	层厚（m）	侧摩阻力标准值（kPa）
2-321（碎石）	1.9	1.9	30
2-112（淤泥质黏土）	14.6	12.7	10
2-232（粗砂）	16.8	2.2	45
2-112（淤泥质黏土）	31	14.2	10
9-31（砂土状强风化花岗斑岩）	33	2	70

注：钻孔编号 NXQ123；孔口高程 -33.67m。

护筒入土深度（不包含冲刷）28.98m，护筒顶高程 +7.0m，则护筒顶至局部冲刷线长度为 44.69m，护筒每延米重 3.131t，所以总竖向力标准值 $F=6545.6$ kN <6573.9 kN，护筒承载能力满足要求。

②护筒稳定性计算。钢管桩嵌固点计算参考《码头结构设计规范》（JTS 167—2018）B.3.2 进行。

桩的相对刚度系数 $T=6.88$ m，系数 η 此处取 2.0，则桩的受弯嵌固点距泥面的深度 $t=\eta T=2.0\times6.88=13.76$ m；嵌固点高程为 -51.45m；护筒受力最不利工况出现在第一轮工况四，护筒竖向力设计值 $N=9032.9$ kN，弯矩设计值 $M=18652.3$ kN·m，护筒采用 ϕ4000×32mm 钢管。

经计算验证,双向压弯圆管的整体稳定系满足规范要求。

(6)钢护筒桩侧土体水平压应力计算。

采用 m 法计算护筒侧土体的压力,淤泥质黏土 m 取 3000kN/m^4,粗砂 m 取 20000kN/m,粉质黏土 m 取 10000kN/m,计算在护筒及辅助桩打设完且平联焊接后遇到 20 年一遇的波流力,辅助桩顶高程 +8.0m,护筒顶高程 +7.0m,河床高程按 NXQ123 号钻孔顶高程取 -33.67m,4.4m 护筒局部冲刷 4.02m,辅助桩局部冲刷 2.86m,所以护筒顶距局部冲刷线深度为 44.69m,辅助桩顶距局部冲刷线深度为 44.53m,建立整体模型如图 5-21 所示。

在 20 年一遇波流力作用下护筒水平最大反力如图 5-22 所示。m 值划分按 2m 一节点,图 5-22 中最大反力出现在第三个节点处,即入土深度 4m,最大反力值为 434.5kN。4.0m 直径护筒计算宽度 3.50m,则入土深度 4m 处桩侧压应力为:

$$\sigma = \frac{434.5}{2 \times 3.50} = 62.07 \text{kPa}$$

图 5-21 护筒抗波流力计算模型

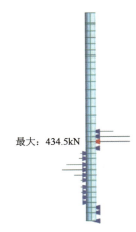

图 5-22 护筒侧反力

入土深度 4m 处土质为淤泥质土,重度 17.1kN/m^3,黏聚力 $c = 6.0$kPa,内摩擦角 $\varphi = 11.55°$,所以 4m 处土体承载能力为:

$$\frac{4}{\cos\varphi}(\gamma h \tan\varphi + c) = \frac{4}{\cos 11.55°}(17.1 \times 4 \times \tan 11.55° + 6.0)$$

$$= 81.6 \text{kPa} > 62.07 \text{kPa}$$

满足规范要求。

5.3 本章小结

本章介绍了东吾洋特大桥海上独立平台的设计、模块化施工工艺,并对东吾洋特大桥独立平台的总体力学性能和稳定性进行了数值分析,取得了以下结论:

(1)在海上独立平台设计的基础上,研究提出了深海环境下独立平台模块化施工工艺流程,并对模块化施工工艺进行了详细的说明。

(2)采用有限元数值分析方法对东吾洋特大桥海上独立平台的力学性能进行了精细化分析,包括施工过程中的局部冲刷、面板强度和刚度、钢板梁强度和刚度、钢护筒最大剪应力,最大挠度和桩侧压应力进行了模拟,分析结果均满足规范要求。

6

深水超大直径桩基检测技术

东吾洋特大桥是一项重要的桥梁工程,其桩基部分采用了大直径超长钢护筒灌注桩。然而,这些桩基长期处于高温、高湿、高盐的腐蚀环境中,耐腐蚀性与耐久性问题成为亟待解决的挑战。此外,该地区还常常受到台风、强风、地震等自然灾害的影响;同时还面临突发性事故的风险。

桥梁的深水群桩基础是整个结构的承载部分,对桥梁的整体稳定起着至关重要的作用。因此,开展针对跨海桥梁超深水超大直径桩基础的检测与监测关键技术研究对于东吾洋特大桥的施工和运维具有重要意义。

通过对东吾洋特大桥群桩基础的检测与监测关键技术研究,可以解决耐腐蚀性与耐久性问题,应对自然灾害和突发性事故的风险,并有效监测和评估潮流冲刷对桥梁结构的影响。这些工作对于确保东吾洋特大桥的施工质量、运维安全具有重要意义,为保障桥梁结构的稳定性和可持续发展做出贡献。

6.1 深水超大直径钻孔基础施工检测技术

6.1.1 基于分布式光纤微颤传感的桩基检测技术

本装置是基于分布式光纤传感技术中的 φ-OTDR 搭建的。φ-OTDR 中使用高相干性的窄线宽激光器,从而使光纤中发生散射现象产生的后向瑞利散射光也具有很强的相干性。在系统中,利用外差探测法对系统的信号进行检测,通过解调后向瑞利散射光的幅值和相位来得到外界扰动信息,再通过扰动信息分析出桩基的缺陷情况。图 6-1 为基于外差探测的 φ-OTDR 系统结构图,图 6-2 为基于外差探测的 φ-OTDR 系统装置实拍图。

1) 分布式光纤高频振动传感监测仪技术

分布式光纤振动 & 声传感仪是一款自主研发基于外差相干相位敏感型光时域反射技术的长距离分布式光纤高频振动传感监测仪。利用光纤同时作为敏感元件和信号传输介质,能够感知并传输整个光纤沿线的外界振动及声信息,实现长距离范围内的分布式监测。关键技术为相位解调集成化解析技术、宽量程高精度相位调谐扫描装置和高速低噪声信号处理方法。

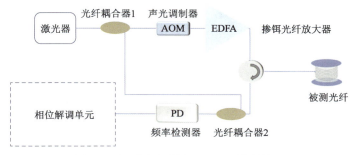

图 6-1　基于外差探测的 φ-OTDR 系统结构图

图 6-2　基于外差探测的 φ-OTDR 系统装置实拍图

(1) 相位解调集成化解析技术：提出并设计双平衡微波差分调制，结合全相位处理与正交变换，有效降低信号非整周期采样以及奇异点对相位测量精度的影响，且计算复杂度低，运算速度快，能实现对光电信号相位差的低成本化高速实时精确解调。

(2) 宽量程高精度相位调谐扫描装置：首次采用双路相干的双干涉仪自参考结构设计，结合双光源高、低相干信号的协同校准技术，实现对相位调制型光纤传感系统中光信号的时延、光程调谐以及相位扫描及其偏差实时修正，扫描频率高、调谐范围大、技术方案简单且成本低、稳定性与重复性高，攻克测量频率与测试精度间的突出矛盾，实现 1kHz 以上解调频率的大量程高灵敏度振动传感。

(3) 高速低噪声信号处理方法：设计开发超高速采集并行处理技术及新型数字化相位解析算法，能够在实现系统高速与低噪声，实现传感探测距离提高至 40km 的同时，有效提高信号处理效率并降低 50% 系统成本。

2) 实验室测试及户外模拟测试

为了将系统用于实际工程测试，首先进行了实验室测试及户外模拟测试。在实验室中对集成后的系统进行不同参数的测试，接入一定长度的传感光纤，测试系统的传感性能，实物图如图 6-3 所示。

a) 传感仪

b) 信号解析仪

图 6-3　集成系统实物图

利用集成后的系统进行实验测试，将压电陶瓷换能器（PZT）与传感模块中的传感光纤连接，利用信号发生器给 PZT 加载信号，设定信号的波形、频率、电压、偏压等参数对性能进行测试，主要的测试系统结构如图 6-4 所示。

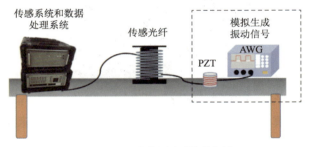

图 6-4　PZT 性能测试系统结构图

利用上述测试平台分别对系统的空间分辨率、频率响应、驱动电压影响、不同波形响应等进行测试，来验证系统的性能。

分别将探测脉冲的宽度调整为 20ns、50ns 和 100ns（对应的空间分辨率分别为 2m、5m、10m），相位解调结果如图 6-5 所示。在该相位变化图中，三条曲线分别代表在同为 1kHz 振动信号的情况下三个空间分辨率下相位变化：黑色曲线为空间分辨率为 2m 时 1kHz 的信号相位变化，其幅值约为 ±1.5V；红色曲线代表 5m 空间分辨率下 1kHz 的相位变化曲线，其幅值约为 0.4~3.8V；蓝色曲线为 10m 空间分辨率可以清楚地看到，相位变化频率为 1kHz，幅值为 -2.8~2V，相位曲线变化趋于正弦变化，能够与给定的信号匹配。由图 6-5 所示，系统在空间分辨率为 2m 时，解调的相位变化仍保持着良好的特性，保证了更高的定位精度。

系统对振动信号的频率响应，可以通过变化加载在 PZT 上信号的频率测试。以正弦波为例，对不同频率振动信号做相位分析，分别测试了 200Hz、500Hz 和 1kHz，相位解调结果如图 6-6 所示。传感光纤长度为 5km，脉冲的重复频率为 10kHz，脉宽为 100ns，对应的空间分辨率为 10m，在这些参数都一定的情况下，对三个不同频率的振动信号分别进行处理，经过相位解调算法之后，相位信息能基本还原为正弦波。

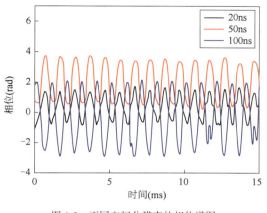
图 6-5 不同空间分辨率的相位谱图

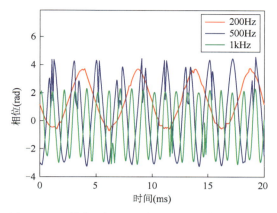
图 6-6 5km 传感距离 100ns 脉宽的不同频率的相位谱图

在图 6-6 中,红色曲线代表的是 200Hz,可以观察到其周期 5ms,对应的频率刚好为 200Hz,相位变化幅值为 $-0.5 \sim 3.5$ rad;蓝色曲线周期为 2ms,频率为 500Hz 的相位变化曲线波形图,相位变化幅值为 $-3 \sim 4.2$ rad;振动信号为 1kHz 的相位变化曲线为绿色曲线,周期为 1ms,相位幅值为 $-3 \sim 2$ rad。该图中三条曲线对比,可以观察到当振动信号频率为 200Hz 和 500Hz 时,相位分布呈正弦分布;在 1kHz 的振动频率下,相位信息中夹杂有高频信号。由此得到,系统的稳定性及信号处理中对高频信号的滤除需要进一步改善。

加载在 PZT 上的驱动电压值的大小决定着振动信号相位的变化。相同的传感距离 5km、相同的振动频率 1kHz、相同空间分辨率下,加载不同的驱动电压值(1V、10V),解调后的相位变化如图 6-7 所示。红色曲线为驱动电压 10V 下的相位变化图,1V 电压下对应的相位变化曲线为蓝色。根据图 6-7 中的相位曲线,可以看出,当电压增大时,系统信号相位解调结果的幅值是增大的。

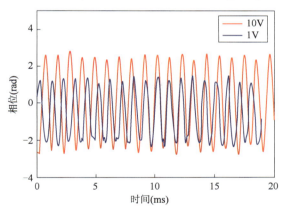
图 6-7 加载不同驱动电压解调后的相位变化图

为了多方面测试系统的性能,在其他条件不变的情况下,分别进行了不同波形的加载(正弦波、方波),该组实验主要以 100Hz 的振动频率为例。在相同传感距离 5km,相同脉冲重复周期 10kHz,相同脉宽 100ns 的条件下进行测试。

波形周期均为 5ms,在图 6-8a)中,显示了对方波信号的相位解调及频谱变换。由于受到采集卡采样频率的影响,在相位曲线中,发现有很多小锯齿形的曲线夹杂在周期相位中。一般情况下方波的频谱图曲线为:1 倍频、3 倍频、5 倍频……,但在该频谱中观察到 1 倍频、2 倍频、3 倍频……,该现象与采样频率有关。在图 6-8b)中,该曲线为加载正弦波之后,经过解调算法得出的相位变化。同样对相位曲线进行傅立叶变换得到频谱,在 100Hz 处的幅值最大,同时伴随着一些高频噪声,这可能是由于系统受外界环境影响导致的信号不稳定,从而影响相位曲线,使其在波谷处出现了不规则的锯齿状变化。在图 6-8 中,对不同的波形进行测试,可以观察到方波的相位幅值变化最小,这可能是由于在对相位提取之后进行移动平均对方波的影响最大。利用 PZT 对系统进行性能测试之后,将该系统用于对实际信号的采集分析。将系统置于试验台,连接一定长度的传感光纤,在传感光纤尾部连接一段 10m 绕圈式的传感光纤,分别模拟不同的振动信号,通过数据采集装置实时采集信号,之后进行信号处理,具体的实验操作图如图 6-9 所示。

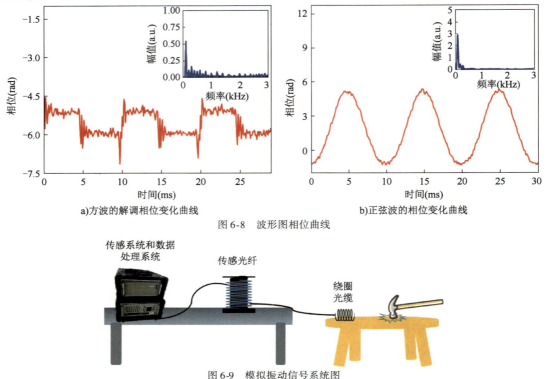

a)方波的解调相位变化曲线　　　　b)正弦波的相位变化曲线

图 6-8　波形图相位曲线

图 6-9　模拟振动信号系统图

在测试中,将传感光纤置于试验台,对试验台进行敲击,对其进行相位分析得到结果如图 6-10a)所示,该曲线呈逐渐衰减状态,能够反应在敲击过程中,光在光纤中传输的相位变化趋势。图 6-10b)中,将 10m 的光纤绕于消防管道,连续不断地轻击管道,对信号进行采集,经过算法处理,得到敲击管道信号的相位分布。对这两种信号的相位作定性分析,得到一个非标准性的结果,仅为说明利用该系统能够分析出扰动信号。由于系统的稳定性、系统噪声等原因,可能导致对相位的分析存在一定的误差。

在这一系列的测试实验之后,可以对系统作基本判定,对信号进行相位解调后,外界环境的扰动基本能够被还原。

将传感光纤之后连接的光缆埋入地下,埋入长度为 10m,深度为 0.5m。在埋入光缆所对应的地面位置分别进行距离光缆不同位置处的铁铲连续挖掘和人为走动等入侵信号测试,利用数据采集系统将信号采集,之后对这些入侵信号进行定位分析和相位解析结果的分析。具体实验系统如图 6-11 所示。

6 深水超大直径桩基检测技术

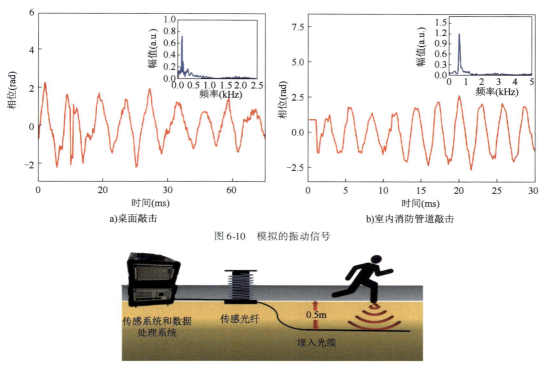

a) 桌面敲击

b) 室内消防管道敲击

图 6-10 模拟的振动信号

图 6-11 模拟入侵信号系统图

利用铁铲连续挖掘来模拟实际的冲击信号,分别在距离埋入光缆 0.5m、1m、2m、3m 和 5m 处进行敲击,并实时采集数据,之后在数据处理系统中将信号进行处理,得到的相位如图 6-12 所示。在这五组相位图中,可以发现连续的冲击信号解调相位都具有一定的周期性。图 6-12a) 为距离埋入光缆 0.5m 处进行连续挖掘产生冲击信号,相位图中出现两个冲击峰;图 6-12b) 和图 6-12c) 分别为距离 1m 和 2m 处的相位解调结果,出现了四个冲击峰值;图 6-12d) 为距离 3m 处的相位处理结果,其中有三个冲击峰值,前两个冲击峰值的周期性相对明显一些,图 6-12e) 为距离 5m 处的解调结果,为五个冲击峰值。由于冲击力度、外界环境噪声等影响,使得各距离处的相位解调结果有一定的偏差。

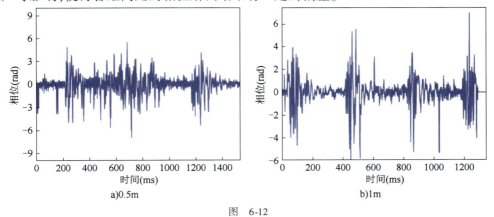

a) 0.5m

b) 1m

图 6-12

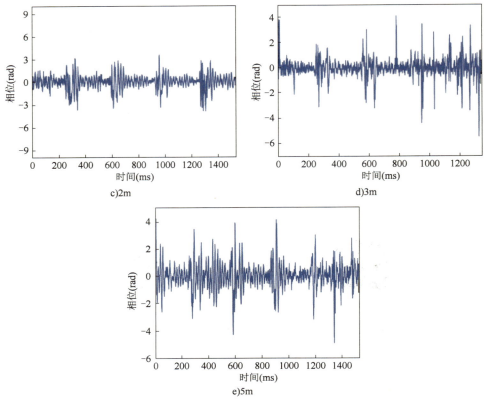

图 6-12　冲击信号相位信息

图 6-13 中,显示了距离埋入光缆不同位置处模拟的走动入侵信号的相位解调结果。图 6-13a)中是在距离 0.5m 处走动时,经过相位解调方法处理后的相位结果,图 6-13b)为距离 1m 处的相位解调结果;图 6-13c)为距离 3m 处的相位解调结果,在这三幅图中,能够看到模拟的走动入侵信号具有一定的周期性,这与实际的走动入侵信号相位解调结果的规律一致。

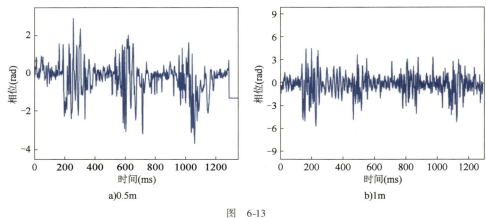

图　6-13

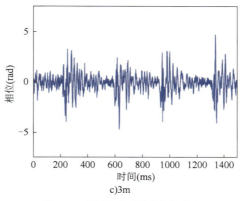

c)3m

图 6-13　模拟的走动信号相位信息

6.1.2　基于多个超声探头的桩基三维 CT 成像检测技术

以 4m 直径桩基检测为例,在六支声测管中同时放入桩基检测探头阵列,探头阵列由 28kHz、40kHz、65kHz 和 88kHz 四支换能器组成。探头进入声测管的深度,通过电缆线上标注的长度标尺换算。检测由探头缆线末端的仪器实现激励、接收、分析。探头在声测管的放置示意图如图 6-14 所示。

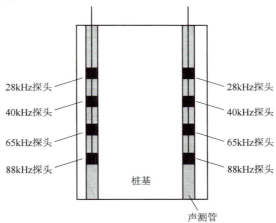

图 6-14　钢筋笼不同高度振动激励实现浇筑过程质量检测

激励信号采用匹配各探头中心频率的加窗调制正弦信号而成。其时域及频域波形如图 6-15 所示(以 200kHz 为例)。

激励信号由信号发生器发出激励波,由电压放大器放大,由激励阵列发射,由接收阵列接收桩基混凝土的透射波,由采集器采集波形。超声桩基检测仪器连接图如图 6-16 所示。根据接收波幅值、速度的变异,区分沉渣、断桩等施工缺陷与未凝结混凝土的桩基高程。

基于宽频多晶探头的超声波阵列检测系统,研发了 20kHz、40kHz、60kHz 和 80kHz 的多频段探头阵列,实现了直径 50mm 内的径向超声波激发与接收,防水深度 200m。对探头不同中心频率激励下的响应曲线进行了率定,结果见表 6-1。探头频响曲线如图 6-17 所示,在 35~140kHz 频率范围内均有良好感应。

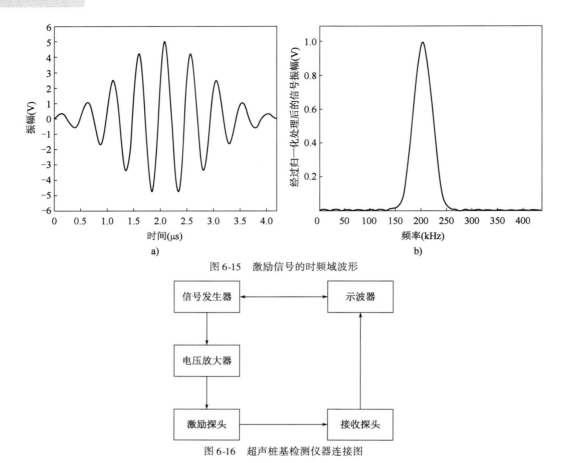

图 6-15 激励信号的时频域波形

图 6-16 超声桩基检测仪器连接图

不同中心频率激励下的响应曲线数据　　　　　　　　　　表 6-1

驱动频率(kHz)	信号(V)	驱动频率(kHz)	信号(V)	驱动频率(kHz)	信号(V)
35	0.48	71	1.0	105	0.36
39	0.5	75	0.82	109	0.34
41	0.46	77	0.72	111	0.4
43	0.5	79	0.64	113	0.42
45	0.52	81	0.62	115	0.44
47	0.56	83	0.54	117	0.5
49	0.62	85	0.56	120	0.52
51	0.74	87	0.56	122	0.64
53	0.9	89	0.48	124	0.58
55	1.02	91	0.52	126	0.58
57	1.18	93	0.46	128	0.6
60	1.38	95	0.42	130	0.64
65	1.9	97	0.4	135	0.56
67	1.56	99	0.36	140	0.44
69	1.2	102	0.36	145	0.36

注：发送端为样品；接收端为 H25。

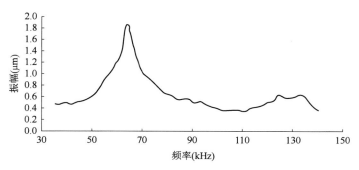

图 6-17 KDYW-40-360 换能器探头频响曲线

研制了适应施工期检测需求的高压放大器,其率定性能指标见表 6-2。

高压放大器参数 表 6-2

参数	数据
通道数	1
输出形式	差分输出
带宽(-3dB)	DC~150kHz
最大输出电压	1600Vp-p(±800Vp)
最大输出电流	20mAp(DC~50Hz)
	40mAp(>50Hz)
最大输出功率	32Wp
电压增益	0~240倍(0.1倍或1倍步进)
负载RL上限	≥39.8kΩ(DC~50Hz)
	≥19.8kΩ(>50Hz)
输出电阻	200Ω/10kΩ(可定制)
压摆率	≥534V/μs
输入电阻	50Ω/5kΩ
输入幅度	0~10Vp-pMAX
输出电压误差	≤±3% FS@1kHz
电压监测	100:1(±5%)
谐波失真(THD)	≤0.1%@1kHz,100Vp-p
输出电压零点漂移	≤±0.3V
信噪比	≥80dB
输出接口	4mm香蕉插座
保护	过流保护
信号地	与机壳、电源线地相连
供电电压	AC 220V±10%,50Hz

续上表

参数	数据
保险丝	2A/250V
工作温度	0~45℃
储存温度	-20~50℃
工作湿度	≤80% RH，无冷凝
尺寸(宽×高×深)	365mm×163mm×365mm

针对小幅值、大幅值信号输出，绘制了仪器的幅频特性曲线，如图6-18所示。

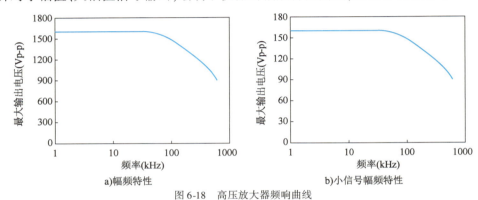

a)幅频特性   b)小信号幅频特性

图 6-18　高压放大器频响曲线

在探头阵列的基础上，搭建了基于信号发生器、激励探头、接收探头、前置放大器、信号采集器、后处理程序的施工期桩基检测系统。各仪器实物图如图6-19所示。

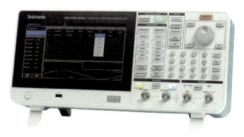 

a)信号发生器   b)电压放大器

c)激励探头、接收探头   d)线缆收放绞盘

图 6-19

e)前置放大器

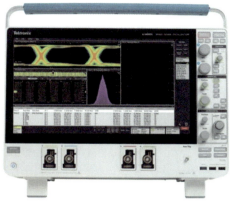
f)信号采集器

图 6-19　超声检测系统各仪器组件

在混凝土浇筑过程中,需要同步开展测试,测试方法与工程中平测类似,两探头在注满清水的声测管内处于同一高度,通过支架匀速提升以保证两探头在同一深度。

6.1.3　基于高频传感器的桩基检测技术

现有的基于弹性波反射原理的桩基检测技术主要基于在桩顶的冲击及回波,检测桩身内的异常反射波。如图 6-20 所示,根据冲击力的大小,分为高应变反射及低应变反射两类。

a)高应变反射检测

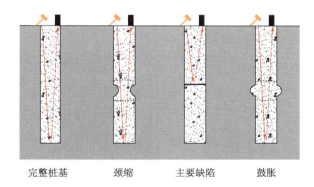
b)低应变反射检测

图 6-20　主要桩基检测方法示意图

经过对上述技术相关文献调研总结发现,低应变反射法多采用冲击锤作为激励源,检测装置轻便,检测过程快捷。通过粘接在桩顶的传感器接收来自桩中的应力波信号,采用应力波理论来研究桩土体系的动态响应,反演分析实测速度信号、频率信号,从而进行检测桩身完整性检测。日本土木研究所对比研究了冲击反射波检测法与其他无损检测方法性能和特点(表6-3)。从检测内容和适用范围看,高频敲击弹性波检测法比一般弹性波检测法,具有更大的检测深度,可以满足裂缝、内部缺陷等更多的检测内容。以下对高频敲击弹性波检测法进行具体技术调研。

弹性波检测法与其他检测方法性能和特点　　　　　　　　表6-3

检测方法	高频敲击弹性波检测	弹性波检测	超声波检测	电磁波检测
传递波频率范围	0.2~1000kHz	2~4kHz	20kHz	102~106MHz
测量项目	波长范围测定、反射波传输时间(高频为主)、波速	反射波波速、波形	超声波脉冲波速、波形	电磁波脉冲
检测内容	混凝土裂缝、缺陷等、桩长检测	桩底沉渣截面缺陷等明显损伤	混凝土强度、裂缝深度、内部缺陷	空洞等明显损伤、钢筋位置、保护层厚度
适用范围	混凝土70m(桩直径20~30倍)以内,钢护筒160m以内	20m左右	表面裂缝深度易受结构形状影响	混凝土厚度1mm左右,长度1m左右
特点	适合单桩或群桩,满足结构其他介质内传输	单桩检测,存在其他介质时,对检测结果影响大	使用频率越高,检测指向性越好,但超声波衰减也越大	满足截面可视化检测,同型号仪器的检测深度范围存在差异

高频敲击弹性波检测的基本原理与一般的低应变检测法一样,通过在桩顶施加激振信号产生弹性波,利用在桩顶采集的反射波的传递时间和振幅衰减特征检测桩长和内部损伤情况。其主要技术包含以下几个方面：

(1)高频反射波。

高频敲击弹性波检测的传感器使用的是高频域的高感度加速度。如图6-21所示,与一般的低应变检测法相比,通过采集的高频反射波可以更有效地识别反射波的传递时间,从而提高桩长检测准确度。

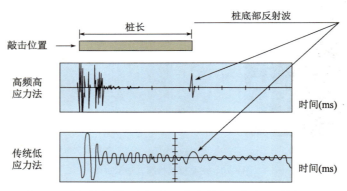

图6-21　高频敲击弹性波检测与一般的低应变检测的反射波对比

(2)包含多频段的高频反射波。

高频敲击弹性波检测的反射波是包含多个频段。其理由是,桩基内可能存在不同宽度的裂缝和不同尺寸的缺陷,而裂缝的宽度会影响可以通过的反射波频率。根据研究显示,当桩基内存在1mm裂缝,反射波和通过波的最大值是100kHz;而当桩基内存在10mm裂缝,反射波和通过波的最大值只有10kHz。为了满足不同大小裂缝的检测要求,故而需要测量具有一定频域的反射波。

高频敲击弹性波检测在检测方法上与一般的低应变检测不同,首先通过准确测量的传递时间确定反射波位置,进而利用不同位置反射波衰减情况判断裂缝的大小。总结相关文献,对完整和含缺陷桩基的判定依据如下:

对于完整桩基,测量的反射波只包含桩底的反射波①(图6-22)。

对于存在轻微缺陷的桩基,测量的反射波不仅有桩底的反射波①,还包括桩身各位置的反射波②~⑤(图6-23)。

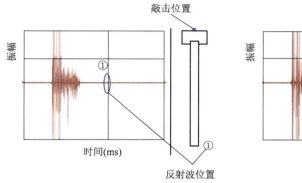

图6-22　完整桩基波形图　　　　图6-23　有轻微缺陷桩基波形图

对于存在重大缺陷的桩基,测量的桩底的反射波①会明显衰减,而桩身各位置的反射波②~④会变强(图6-24)。

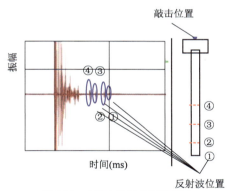

图6-24　有重大缺陷桩基波形图

6.2　超大直径桩基施工过程检测技术

6.2.1　深水超大直径桩基施工过程检测的模型试验验证

6.2.1.1　超大直径桩基试件制备

试件为直径4m、高2m的圆形实心桩。桩外套钢护筒,采用Q355D钢。弹性模量$E=195$GPa。钢护筒内径为4m。主筋为20根直径12mm的HRB335钢筋,其间隔为0.4m。横向箍筋为10根6mm直径的箍筋,其间隔为0.4m。竖向主筋需伸出钢护筒顶部20cm。钢筋最小保护层厚度为75mm,浇筑采用C50混凝土。沿钢护筒环向设置6支N8声测管,外径为57mm,内径为50mm,壁厚为3.5mm。现场缺陷模型制备考虑到各模拟缺陷特点,对缺陷模型进行了分层制备。图6-25所示为试件配筋图。

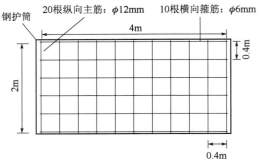

图6-25 试件配筋图

模拟了6种常见的桩基缺陷:沉渣、离析、缩颈、空洞、夹泥、断桩。具体方法如下:采用碎石子来模拟桩底沉渣缺陷,经过泥浆混合,灌注在桩基模板的底端;通过加大石子粒径,降低水灰比,降低混凝土对集料的包裹程度及密实度来进行离析层模拟;缩颈模拟通过在声测管的周围设置黄泥的方法实现;采用聚苯泡沫球模拟空洞缺陷,聚苯泡沫球用编织袋纸壳紧裹,以免振捣时泡沫破损分散;模拟夹泥缺陷时,在所示夹泥区域分散放置泥团,并与混凝土一起捣实,使得试件中有团块状的黄土,但不能使试件内部的混凝土完全被隔断;模拟断桩缺陷时,在试件中间一层全部设置为捣实的黄土,使黄土两端的混凝土完全被隔断。试件及缺陷布置如图6-26所示。

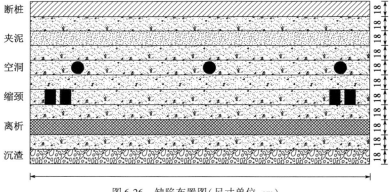

图6-26 缺陷布置图(尺寸单位:cm)

如图6-26所示,试件共11层,每层高度皆为18cm,设置了6种缺陷,分别是沉渣、离析、缩颈、空洞、夹泥、断桩,每两种缺陷中间浇筑一层正常状态的混凝土,试件总层高为198cm。

沉渣缺陷处于最底层的18cm范围,采用大石子满布铺设以模拟沉渣缺陷,上方浇筑一层正常的混凝土(图6-27)。

夹泥缺陷处于深度146~164cm范围内,采用正常混凝土掺和黄土的方法以模拟夹泥缺陷,上方浇筑一层正常的混凝土(图6-28)。

图 6-27　沉渣缺陷模拟现场

图 6-28　夹泥缺陷模拟现场

缩颈缺陷处于深度 110～128cm 范围内,采用在声测管四周设置黄土的方法来模拟;除声测管四周,其余地方浇筑正常混凝土,并在此缺陷层之上浇筑一层正常的混凝土(图 6-29)。

空洞缺陷处于深度 72～90cm 范围内,采用直径为 15cm 的泡沫球以模拟空洞缺陷,并采用铁丝将其固定在 90～72cm 的深度范围内,在本层内的其他区域浇筑正常混凝土,并在其上浇筑一层正常的混凝土(图 6-30 和图 6-31)。

断桩缺陷处于深度 36～54cm 范围内,此深度范围内在整截面上设置黄土层以模拟断桩缺陷,并在其上浇筑一层正常的混凝土(图 6-32)。

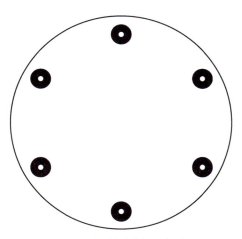

图 6-29　缩颈缺陷模拟示意图

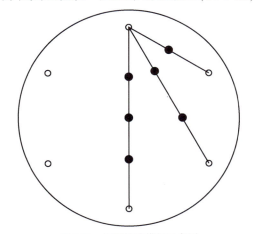

图 6-30　空洞缺陷模拟示意图

图 6-31　空洞缺陷现场布置(红圈内为空洞模拟位置标识)

离析缺陷处于深度 0～18cm 范围内,此深度范围内在整截面上浇筑增加了水灰比的混凝土以模拟断桩缺陷(图 6-33)。正常浇筑的混凝土水灰比约为 0.34,离析缺陷模拟所用的混凝土水灰比约为 0.48。

图 6-32　断桩缺陷模拟现场

图 6-33　离析缺陷模拟现场

6.2.1.2　基于光纤微颤的施工过程检测

在桩基缺陷模型中,在钢筋笼中将光缆采用 U 形布线的方式绑扎在钢筋笼的两根对称的主筋上。采集浇筑过程中由混凝土浇筑产生的振动信号,及初凝之后人为利用不同材质的力锤在不同位置进行敲击的振动信号(图 6-34 和图 6-35)。由系统对采集到的振动信号进行分析得到桩基缺陷情况(图 6-36)。

图 6-34　现场浇筑过程

图 6-35　人为进行敲击

图 6-36　数据采集

1) 浇筑过程中检测

在混凝土的浇筑过程中,混凝土下落时带来的冲击会使绑扎在钢筋笼上的光缆的光波信号相位产生相应的变化。采用正交解调的方法分析采集数字拍频信号的强度和相位变化,图 6-37 中上半部分显示了信号解调之后的强度分布现象。使用 125MHz 的数据采集卡时,单位点数对应的采样距离为 0.8m;在 10kHz 的重复频率下,每个脉冲周期采集 1500 个点,当混凝土浇筑产生冲击时,振动位置会出现一个明显的峰值变化,脉冲信号和噪声的幅值分别约为 340mV 和 20mV。因此,通过监测强度分布,可以很容易地定位发生振动的位置,也可以用于确定相位解调和分析的干扰点。相位信息也同样体现在该区域,通过解缠绕之后的相位,经过对振动位置范围内多个周期同时刻的某一点进行提取,可还原外界振动的相位信息。

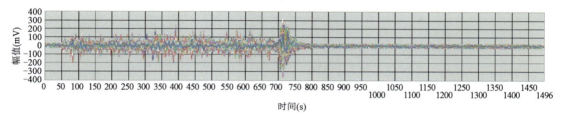

图 6-37 浇筑过程中混凝土下落冲击脉冲信号幅值信息图

由图 6-38 可以看出振动信号的幅值约为 250mV,由于振动幅值与光纤产生的应变之间没有确定的关系,因此采用正交解调的方法对振动信号的相位进行分析。

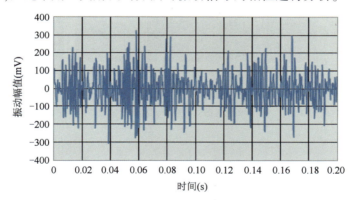

图 6-38 浇筑过程中混凝土下落冲击振动信号振幅波形图

根据图 6-38 所示的振动幅值信息,选择传感光纤位于 569.6m 处进行相位解调分析,如图 6-38 所示,以显示所提出方案的相位解调效果。当混凝土浇筑产生冲击时,处于 569.6m 位置的振动信息经平滑滤波后相位解调结果如图 6-39 所示,经过傅立叶变换之后的频谱如图 6-40 所示。

2) 成桩后检测

在力锤连续敲击的作用下,桩基预埋的光缆的光波信号相位会产生相应的变化。采用与浇筑过程中相同的分析方法可得,图 6-41 中上半部分显示了信号解调之后的强度分布现象。使用 250MHz 的数据采集卡时,单位点数对应的采样距离为 0.4m;在 1kHz 的重复频率下,每个脉冲周期采集2000个点,当通过力锤敲击对监测光缆施加振动时,振动位置会出现一个明显的峰值变化,由振动幅值图可看出,振动峰值在第1421个点位置处对应的光纤长度在第562m处。脉冲信号和噪声的幅值分别约为150mV和20mV。

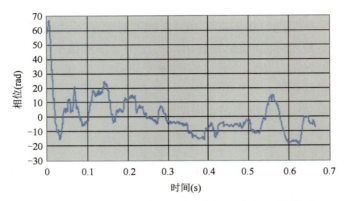

图6-39　569.6m处振动信号经平滑滤波后相位解调分析结果

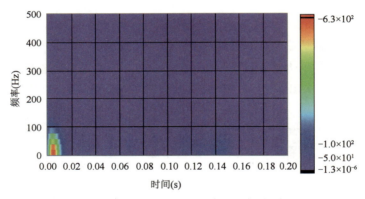

图6-40　569.6m位置振动信息经傅立叶变换之后的频谱图

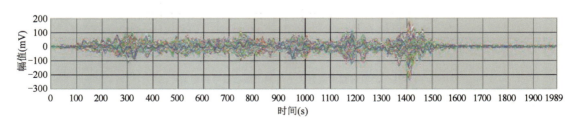

图6-41　成桩后力锤连续敲击作用下脉冲信号幅值信息图

由图6-42可以看出振动信号的幅值约为20mV,波形大致呈现周期性分布,周期约为0.1s,对应的频率约为10Hz。

根据图6-42中所示的振动幅值信息,选择传感光纤位于562m处进行相位解调分析,如图6-43所示,以显示所提出方案的相位解调效果。当使用力锤施加冲击时,处于562m位置的振动信息经过傅立叶变换之后的频谱如图6-44所示。

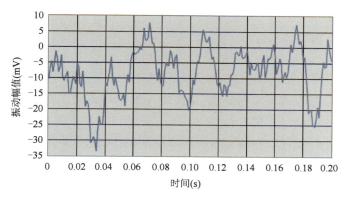

图 6-42　成桩后力锤连续敲击作用下振动信号振幅波形图

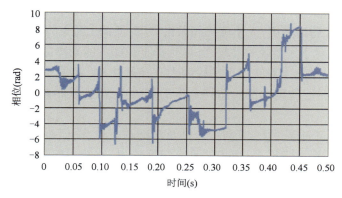

图 6-43　562m 处振动信号相位解调分析结果

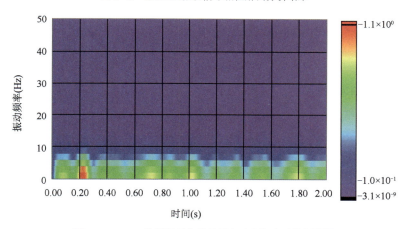

图 6-44　562m 位置振动信息经傅立叶变换之后的频谱图

综上所述，不论是混凝土浇筑过程中或是成桩后，分布式光纤微颤传感系统都能准确分析出振动信号的位置、幅值、相位、频谱等信息。根据低应变反射波法，可通过振动信号分析出桩基缺陷情况，但通过分析数据发现振动信号携带的桩基缺陷信息并不明显，可能是由以下两个原因造成的：一是本次实验使用的桩基试验模型长径比过小（桩基模型长为 2m、直径为 4m），不符合低应变反射波法的应用条件；二是分布式光纤微颤传感系统的空间分辨率为

5m,但预埋在桩基缺陷模型中的光缆总长仅为 8m,空间分辨率不足,从而导致振动信号携带的桩基缺陷信息并不明显。

3) 力锤的选择

本次工程实际采用的桩基体积较大,需要根据实际情况选择合适的激振源。不同质量、不同材质激振锤(棒)激发效果见表 6-4。激振源一般采用力锤。力锤的选择一般从以下几个方面考虑:

(1) 锤头材料。材料过硬,将激发出高频脉冲波,高频脉冲波可提高缺陷处的分辨率,对探测桩身浅部缺陷有利,但高频脉冲波容易衰减,不易获得长桩的桩底反射;材料过软,激发出的初始脉冲太宽,低频波有利于检测桩底反射,但会降低桩身上部缺陷的分辨率。

(2) 冲击能量。锤重及落锤速度的大小决定了激振能量的大小,敲击时能量应适中。能量小则应力波很快衰减,从而看不到桩下部缺陷和桩底的反射。因此,检测大直径长桩应选择较重的力锤并加大锤击速度,大幅度提高敲击力度,但锤过重又将造成微小缺陷被掩盖。

(3) 接触面积。对于大直径灌注桩,除应选择重锤加大能量冲击外,还要加大锤的直径,使锤与桩头接触面积增大。若使用小锤检测大直径灌注桩,需要多点激振、多点接收,以便了解桩身横向不均匀性;使用大锤要选择合适的接收点,以便获得桩的整体效应,有利于判断桩身局部缺陷。

(4) 脉冲宽度。脉冲宽度大,有利于长桩及深部缺陷检测,但相应的波长增大。若入射波波长比桩身中缺陷尺寸大得多,由于波具有绕射能力,波的大部分可以绕射过去,反射波强度降低,识别桩中小缺陷能力就差,分辨率降低;若脉冲宽度减小、波长减小,不能满足将桩视作一维杆件的要求,则会出现速度及波形畸变。因此,应根据桩的特点,激发合适脉冲宽度的入射波。

力锤产生的主频 f_0 可表示为:

$$f_0 = \frac{1}{2\pi}\sqrt{\frac{4G r_0}{M(1-\nu)}}$$

式中:r_0——锤头接触面半径;

M——锤的质量;

ν——锤头的泊松比;

G——材料的剪切模量。

不同质量、不同材质激振锤(棒)激发效果 表 6-4

序号	锤型	材质	质量(kg)	脉冲宽度 τ(ms)	主瓣宽 δ(kHz)	力值 F(kN)
1	小钢杆	钢	0.27	0.9	2.02	0.41
2	铁锤	钢	1.23	0.8	2.50	1.89
3	橡胶锤	生胶	0.30	2.0	0.86	0.43
4	橡胶锤	生胶	0.70	2.4	0.75	0.50
5	YE 力锤	钢头	0.9	0.9	2.13	1.34
6	YE 力锤	铝头	0.88	1.0	1.88	1.09
7	YE 力锤	尼龙	0.89	1.9	1.20	1.03
8	SV 力锤	钢头	2.39	1.5	1.28	1.75

续上表

序号	锤型	材质	质量(kg)	脉冲宽度 τ(ms)	主瓣宽 δ(kHz)	力值 F(kN)
9	SV 力锤	铝头	2.09	1.0	1.92	3.16
10	SV 力锤	尼龙	2.03	1.6	1.24	3.43
11	SV 力锤	橡胶	2.02	4.8	0.43	2.38
12	RS 手锤	尼龙	0.94	1.0	1.90	1.42
13	RS 手锤	聚乙烯	0.94	2.0	1.11	5.97
14	RS 力棒	尼龙	3.95	1.7	1.11	5.97
15	RS 力棒	尼龙	7.35	2.2	0.89	11.86
16	RS 力棒	铁	9.72	1.5	1.25	14.68
17	RS 力棒	聚乙烯	378	3.0	0.64	5.20
18	RS 力棒	聚乙烯	7.18	3.5	0.59	7.51
19	RS 力棒	铁	2.95	1.2	1.55	4.46
20	RS 力棒	尼龙	2.97	1.5	1.38	4.49
21	RS 力棒	铁	6.13	1.3	1.48	8.63

根据调研和实际工程情况,选取了质量分别为 5kg 和 10kg 的铁锤作为激振源,并准备了多种橡胶垫及橡胶块用于对激振幅值及频率进行调整。

6.2.1.3 基于超声波的施工过程检测

采用 40 周期正弦波加 Hann 窗调制的 40kHz 入射,在 6 根声测管中不同高程位置依次发射、接收,形成检测信号序列,并对检测信号开展快速傅立叶变换,典型信号的时频域波形如图 6-45 所示。

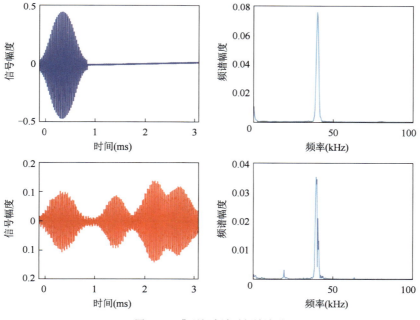

图 6-45 典型超声波时频域波形

蓝色为激励信号,红色为接收信号,基于多晶片聚焦的超声波能够穿透4m直径的混凝土桩基,同时在接收信号中表现出多组波峰。在频率域出现了激励信号中心频率以外的其他波峰,同时,不同频率携带能量发生改变。通过分析上述信号,可以建立各种超声波特征参数和桩基缺陷的映射关系。

按照上述思路,通过对超声波检测信号的分析,提出了三种损失检测指标、接收信号的幅值、接收信号的主频迁移、不同传感器对的波速,实现了对夹泥层异常的检测。在完好混凝土层,接收信号幅值为0.04~0.15;而在夹泥层,接收信号幅值为0.02~0.045,这是由于夹泥相较混凝土对超声波的衰减更强。在完好混凝土层,超声传播时长为1.5~3ms;而在夹泥层,超声波传播时长为1~2ms,这是由于超声波在夹泥层中的波速小于在完好混凝土层中的波速。图6-46和图6-47分别为第8层完好混凝土层和第9层夹泥层监测指标。

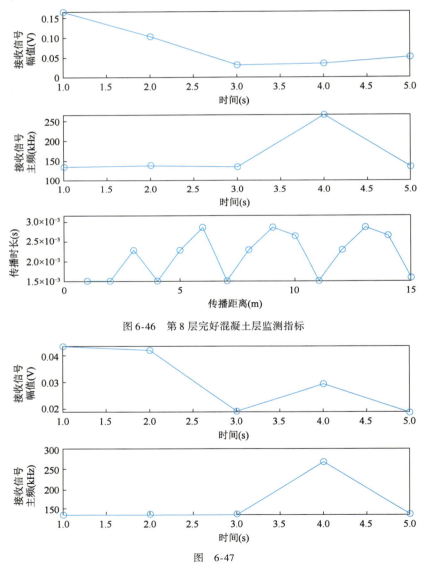

图6-46 第8层完好混凝土层监测指标

图 6-47

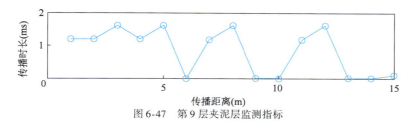

图 6-47　第 9 层夹泥层监测指标

出于试验时间的考虑,在第 1 层缺陷沉渣及第 2 层缺陷夹泥浇筑完成后分别进行了一次测量,此后将剩余缺陷层及正常混凝土层一次浇筑完成后再进行整体测量。整体测量时间点包含了浇筑完成时刻及其后 2h、12h、14h、17h、19h、21h、24h。27 日测量了浇筑完成后 36h、38h、40h、42h、44h、46h、48h 的数据。28 日测量了浇筑完成后 60h、62h、64h、66h、68h、70h、72h 后的数据。由于数据处理较为烦琐,因此在此仅展示声测管跨径最大的 1-4 截面,并标注了声速发生较大改变的截面高度。红色字体表明本截面处于缺陷与混凝土分隔截面。

如图 6-48 所示,25 日沉渣浇筑完成后立即进行了测量,两组数据所测量的截面为 1-4,即跨径最大的截面(3733mm)。从数据分析结果来看,皆能对缺陷界面进行识别,但也存在假峰较多的情况,甚至假峰峰值大于分界面处的峰值。此种情况可能是因为:

(1)由于试件所用的混凝土并非一次浇筑,而是分次倒入踩实的缘故(浇筑一层大约需浇筑 5~6 次);

(2)本次构件厂浇筑所用混凝土水灰比较小,流动性较低,含气量较高。浇筑时可能在不定位置产生孔洞缺陷。

各日整体缺陷测量数据如图 6-49 所示。

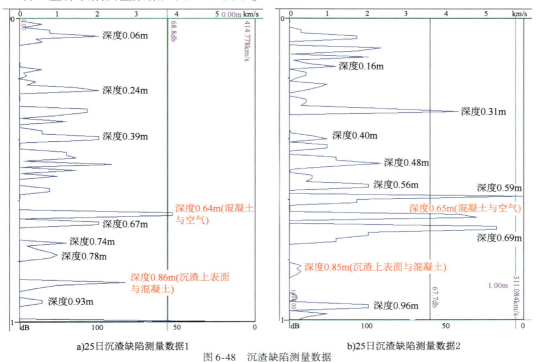

图 6-48　沉渣缺陷测量数据

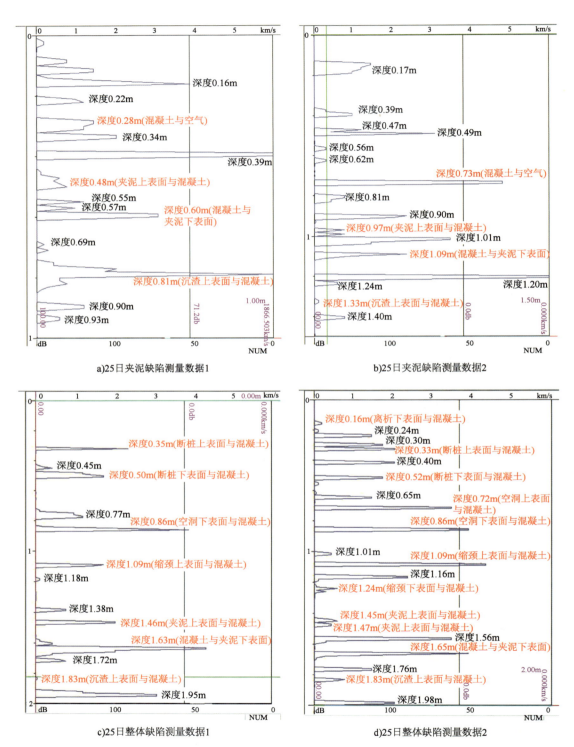

图 6-49

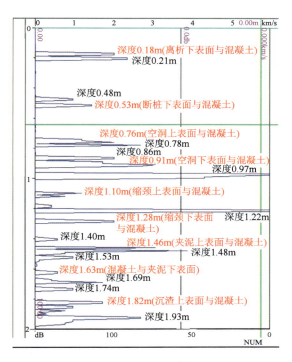

e) 25日整体缺陷测量数据3

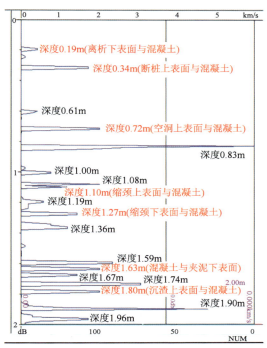

f) 25日整体缺陷测量数据4

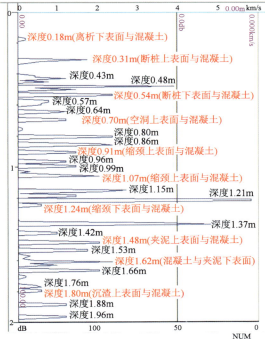

g) 26日整体缺陷测量数据1

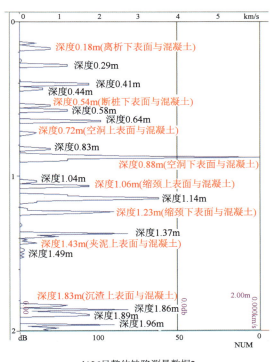

h) 26日整体缺陷测量数据2

图 6-49

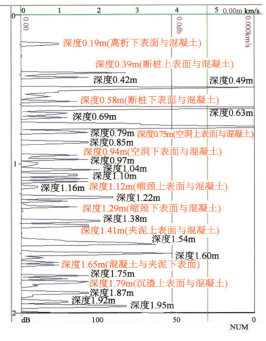

i) 26日整体缺陷测量数据3

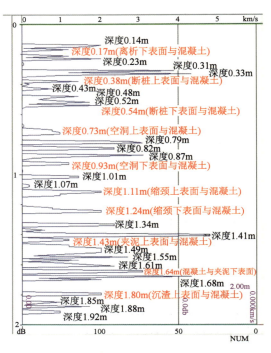

j) 26日整体缺陷测量数据4

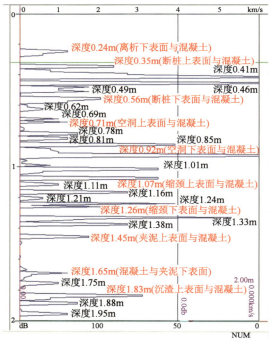

k) 26日整体缺陷测量数据5

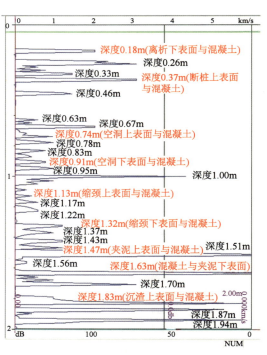

l) 26日整体缺陷测量数据6

图 6-49

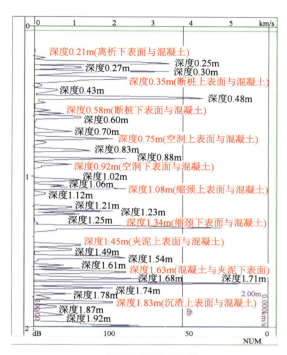

m) 26日整体缺陷测量数据7

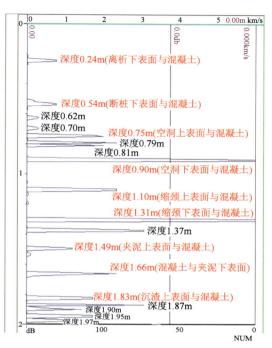

n) 27日整体缺陷测量数据1

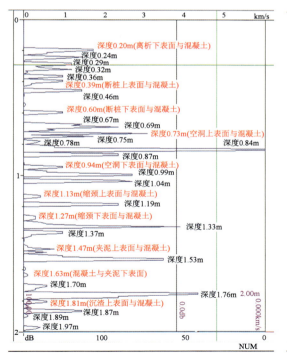

o) 27日整体缺陷测量数据2

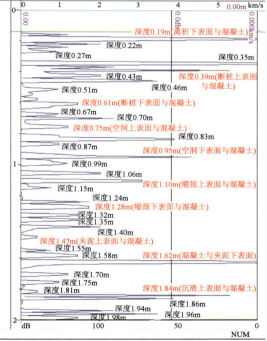

p) 27日整体缺陷测量数据3

图 6-49

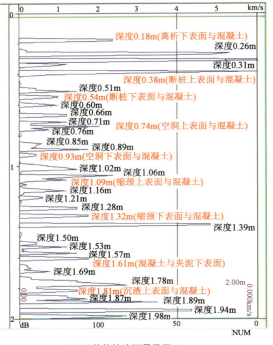

q) 27日整体缺陷测量数据4

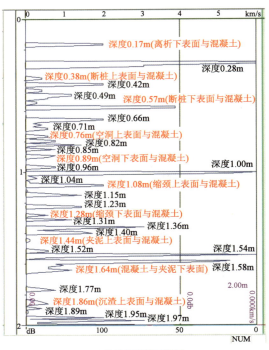

r) 27日整体缺陷测量数据5

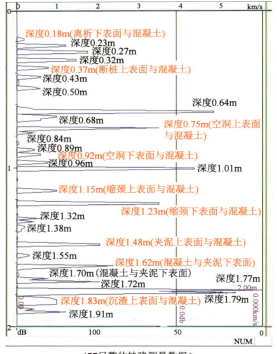

s) 27日整体缺陷测量数据6

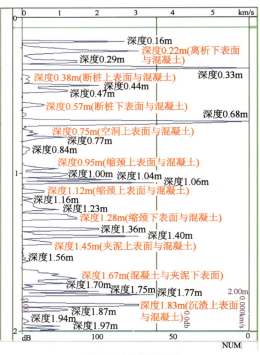

t) 27日整体缺陷测量数据7

图 6-49

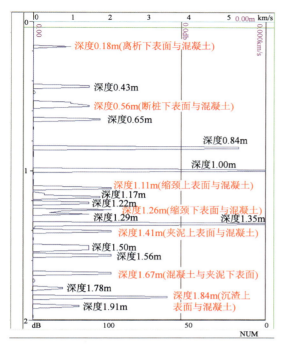

u) 28日整体缺陷测量数据1

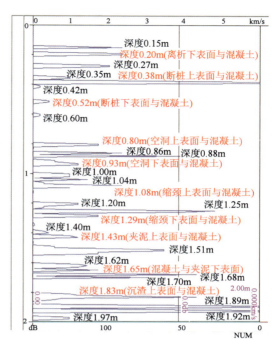

v) 28日整体缺陷测量数据2

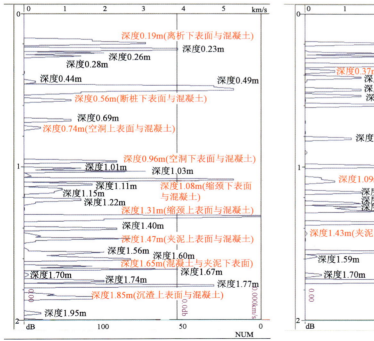

w) 28日整体缺陷测量数据3

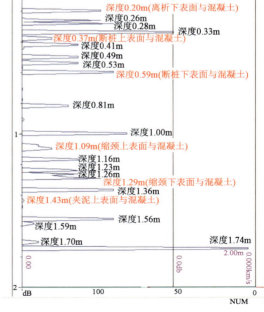

x) 28日整体缺陷测量数据4

图 6-49

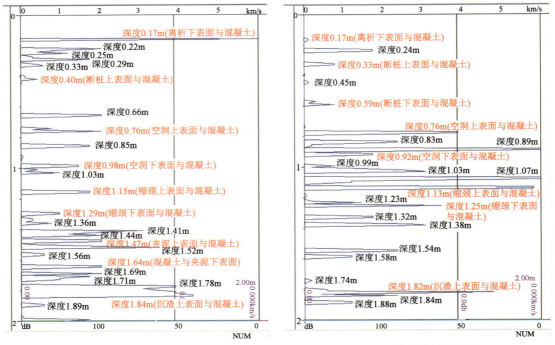

y) 28日整体缺陷测量数据5

z) 28日整体缺陷测量数据6

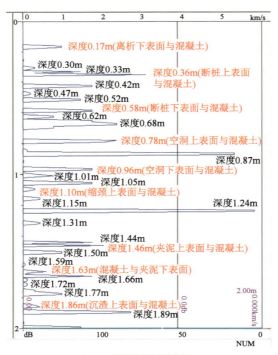

a′) 28日整体缺陷测量数据7

图 6-49 各日整体缺陷测量数据

25日沉渣缺陷浇筑完成后检测时设定测量深度为1m,夹泥缺陷浇筑完成后第一组检测深度也为1m,而第二组的检测深度设置为1.5m,因此两张图之间同一界面的深度值不一样。此后的所有整体测量数据的检测深度皆为2m。

此外,在26日的4通道测量中发现2-3、2-4、3-4截面(跨径分别为1866mm、3233mm、3733mm)出现收声信号极差的情况,交换探头后(将原来1、2、3、4通道的一一对应的四个探头以倒序4、3、2、1插入四个通道中)依旧是2-3、2-4、3-4(原来的3-2、1-3、1-2截面)三个截面收声差,因此确定不是截面问题,也不是探头问题,而是通道问题,此后的测量仅用1、2通道插两个探头,6个截面分别测量以采集数据。图6-50所示为截面测量数据。

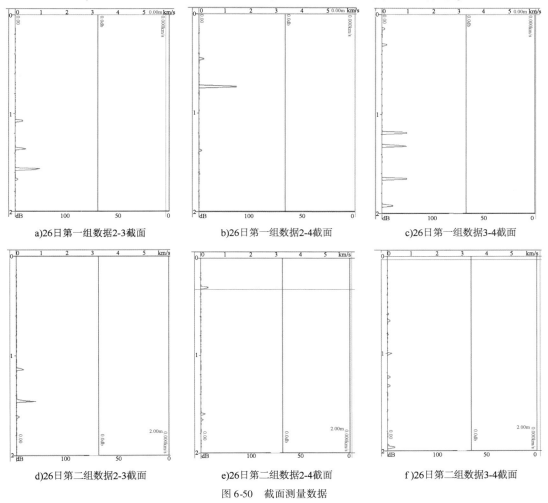

图6-50 截面测量数据

由以上两组交换探头后的数据可知,不同通道收声效果不同,因此采用1、2通道分别采集1-2、1-3、1-4、2-3、2-4、3-4六个截面。

基于以上试验检测数据,所采用的超声检测方法可以检测桩身完整性,并对桩身内存在的缺陷进行定位,缺点是难以对缺陷大小进行定量测量,只能通过声速变化曲线的峰值进行主观判断。且在现场的检测经验表明,对提升速度有一定要求,提升速度过快可能造成检测信息的失真。

6.2.1.4 基于加速度的施工过程检测

(1) 加速度与敲击方向的关联性。

为了验证桩基振动响应采集结果,在试验中分别敲击了安装传感器主筋的竖直方向、水平方向。图6-51和图6-52为两种敲击方向下4个位置典型加速度时程响应结果。

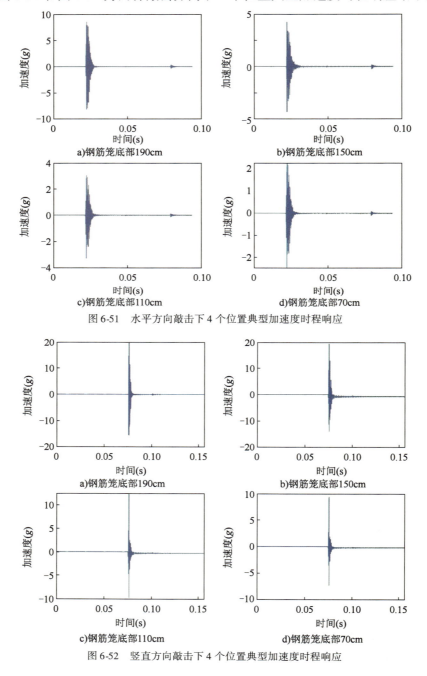

图6-51 水平方向敲击下4个位置典型加速度时程响应

图6-52 竖直方向敲击下4个位置典型加速度时程响应

基于以上实验检测数据,所采用的分布高频加速度检测方法可以检测桩身不同位置的振动响应,并且满足不同方向敲击下的信号采集。值得注意的是,对比水平和竖直敲击方向,发现竖直方向敲击可以提供更明显的振动响应,适合本课题中浇筑过程中钢筋笼受到的竖直方向激励,可以满足进一步定位和识别缺陷检测的研究要求。

(2) 频谱与浇筑高度的关联性。

依据结构振动原理,在浇筑过程中充填砂浆会改变钢筋笼的约束条件。通过计算不同浇筑步骤下的振动加速度频谱,可以为识别浇筑高度提供判断依据。根据上述结论,采集了浇筑过程环境振动下的加速度时程,并对比了不同浇筑高度时的频谱响应,如图6-53所示。结果显示,当浇筑覆盖过从底部40cm和110cm处的加速度时,钢筋笼整体振动明显,可以识别有效的频率数据。而当浇筑覆盖过150cm和190cm处时,钢筋笼因受到砂浆约束而振动不明显,可以识别有效的频率数据。通过这一方法,可以满足本项目浇筑高度检测的研究要求。

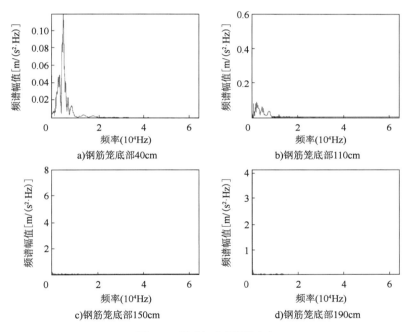

图6-53 振动加速度频谱响应

根据上述结果,论证了防水型加速度传感器的安装与数据采集的有效性。而且,论证了该传感器适合采集不同方向振动下的振动响应。此外,论证了可以通过频谱变化识别浇筑高度的方法。

(3) 基于弯曲波法的频谱与缺陷的关联性。

《建筑基桩检测技术规范》(JGJ 106—2014)中详细规定了低应变反射波法(包括弯曲波法)的适用范围、检测方法、信号处理及结果判定等内容,明确了该方法适用于桩身完整性检测,能够识别桩身缺陷的位置和程度。低应变反射波法(包括弯曲波法)是一种基于应力波传播原理的桩基完整性检测方法。该方法通过在桩顶施加瞬态冲击力,激发应力波沿桩身

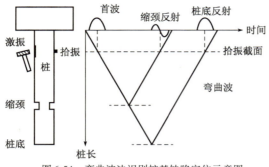

图 6-54　弯曲波法识别桩基缺陷定位示意图

传播,当应力波遇到桩身缺陷(如裂缝、缩颈、扩颈等)或桩底时,会产生反射波。通过安装在桩顶的传感器接收反射信号,并分析信号的传播时间、波形特征及幅值变化,可以判断桩身的完整性、缺陷位置及其严重程度。该方法具有操作简便、快速高效、无损检测等优点,广泛应用于桩基工程的质量检测与评估。弯曲波法识别桩基缺陷定位示意图如图 6-54 和图 6-55 所示。

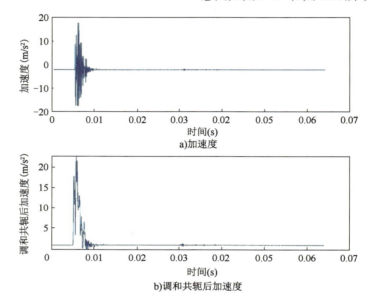

图 6-55　弯曲波法识别桩基缺陷定位

基于弯曲波法的桩基缺陷定位结果如图 6-56 所示,结果表明弯曲波法较纵波法有缺陷敏感度高、确定缺陷位置等有效性。

6.2.2　群桩基础模型验证试验

ABAQUS 是一套功能强大的工程模拟的有限元软件,其解决问题的范围从相对简单的线性问题到复杂的非线性问题。作为通用的模拟工具,ABAQUS 除了能解决大量结构静力问题,还可以模拟工程领域的许多动力问题,ABAQUS 在模拟过程中能够方便地提取任意点的位移、速度、加速度等参数。由此,利用 ABAQUS

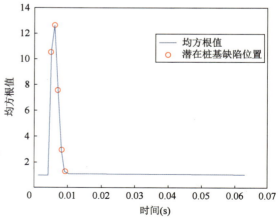

图 6-56　基于弯曲波法的桩基缺陷定位结果

提取桩顶质点速度或加速度,再利用应力波反射法原理来判断基桩缺陷在理论上是可行的。

模拟设置建立的桩基的基本属性为:长120m,直径4m,弹性模量20GPa,泊松比0.2。

(1)扩颈桩基。

首先选定桩基扩颈位置距离桩顶为50m,扩颈缺陷长度为1m,扩颈处直径为4.2m,模拟出低应变检测的反应,扩颈桩基质点速度云图如图6-57a)所示。数值模拟对应扩颈桩基的时间-速度波形图如图6-57b)所示。由图6-57b)可以计算出入射波波峰与缺陷波波峰的时差,可以计算出缺陷位置距离桩顶50.2m,与实际预设位置几乎一致。

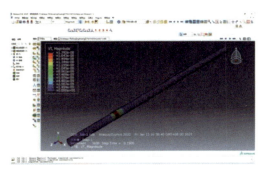 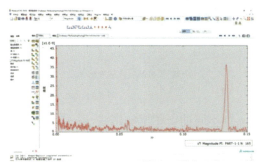

a)扩颈桩基质点速度云图　　　　　　　　b)桩顶质点时间-速度波形图

图6-57　扩颈桩基质点速度云图与时间-速度波形图

(2)缩颈桩基。

首先选定桩基缩颈位置距离桩顶为50m,缩颈缺陷长度为1m,缩颈处直径为3.8m,模拟出低应变检测的反应,缩颈桩基质点速度云图如图6-58a)所示。数值模拟对应缩颈桩基的时间-速度波形图如图6-58b)所示。由图6-58b)可以计算出入射波波峰与缺陷波波峰的时差,可以计算出缺陷位置距离桩顶50.1m,与实际预设位置几乎一致。

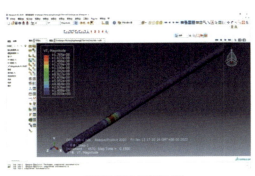 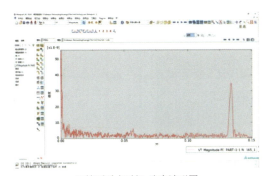

a)缩颈桩基质点速度云图　　　　　　　　b)桩顶质点时间-速度波形图

图6-58　缩颈桩基质点速度云图与时间-速度波形图

(3)离析桩基。

桩基的离析是指桩基混凝土拌合物成分相互分离,造成内部组成和结构不均匀从而造成桩基质量缺陷的现象。设离析位置距离桩顶50m处,桩基离析处的反射波幅和桩底的反射波幅基本相同,断桩情况与离析类似。由图 6-59b)可以计算出入射波波峰与缺陷波波峰的时差,可以计算出缺陷位置距离桩顶 50m,与实际预设位置几乎一致。总之,波在传播的过程中遇到阻力就会产生反射等影响。

a)断颈桩基质点速度云图

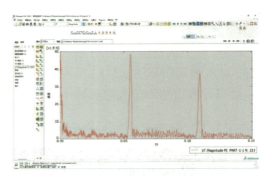
b)桩顶质点时间-速度波形图

图 6-59　离析桩基质点速度云图与时间-速度波形图

(4)不同冲击频率的影响。

选取桩长为 120m,直径为 4m,扩颈位置距离桩顶为 50m,扩颈缺陷长度为 1m,扩颈处直径为 4.2m 的典型缺陷桩基施加不同频率和波形的冲击信号,观测桩顶质点的时间-速度波形图,如图 6-60 和图 6-61 所示。

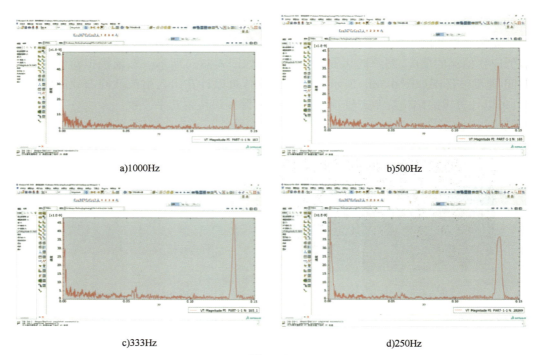

a)1000Hz　　　　　　　　　　　b)500Hz

c)333Hz　　　　　　　　　　　d)250Hz

图 6-60

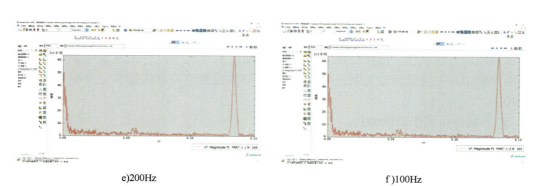

e)200Hz　　　　　　　　　　　　f)100Hz

图6-60　在不同冲击频率下桩顶质点的时间-速度波形图(方波)

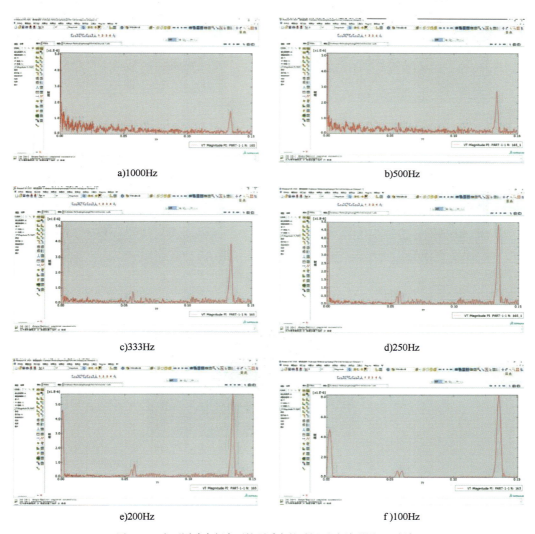

a)1000Hz　　　　　　　　　　　　b)500Hz

c)333Hz　　　　　　　　　　　　d)250Hz

e)200Hz　　　　　　　　　　　　f)100Hz

图6-61　在不同冲击频率下桩顶质点的时间-速度波形图(正弦波)

不同波形及不同频率的冲击带来的桩顶质点的时间-速度波形图携带的缺陷信息相差较大。一般来讲,高频对桩身浅部缺陷的反应较为敏感;低频穿透能力较强,对大直径长桩的深部缺陷反映较敏感。但在模拟结果中,桩基缺陷的体现情况并未随着冲击频率的改变呈现明显的正相关或负相关关系,说明在桩基缺陷的检测中需要根据实际情况尝试多种频率的冲击。

(5)不同冲击面积的影响。

改变桩顶冲击面积,观察应力波传播情况。由图 6-62 可以看出,桩顶施加的冲击面积越大,应力波传播效果越好,三维效应越弱。

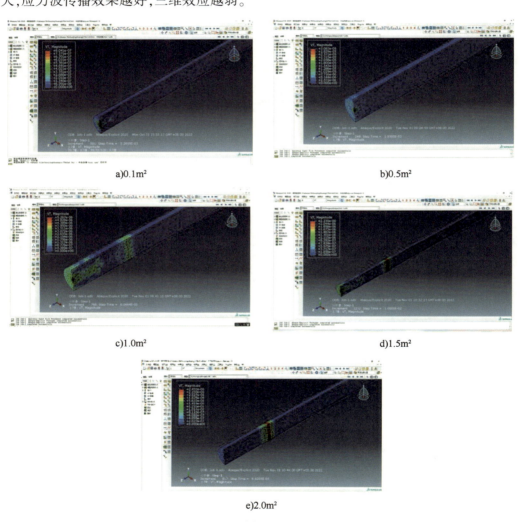

a) $0.1m^2$　　　　　　　　　　　b) $0.5m^2$

c) $1.0m^2$　　　　　　　　　　　d) $1.5m^2$

e) $2.0m^2$

图 6-62　在不同冲击面积下桩基速度云图

6.3　本章小结

本章介绍了多种深水超大直径钻孔基础施工检测方法,并进行了模型试验和数值模拟。

（1）本章首先介绍了一种基于分布式光纤微颤传感的桩基检测设备，该设备在测试过程中，对外界环境的扰动基本能够还原，保证了更高的定位精度。

（2）在实验室制作了 6 种常见的桩基缺陷，包括沉渣、离析、缩颈、空洞、夹泥、断桩，并进行了模拟试验验证。结果表明，所采用的分布高频加速度检测方式可以满足定位和识别缺陷检测的要求。所采用的超声波检测方式可以检测桩身完整性，并对桩身内存在的缺陷进行定位。

（3）使用 ABAQUS 仿真模拟软件建立桩基模型，提取桩顶质点速度或加速度，再利用应力波反射法原理来判断基桩缺陷。分别验证了扩颈桩基、缩颈桩基和离析桩基，模拟的结果是与室内试验结果基本一致，从而验证了检测方法的适用性。而对不同冲击频率和不同冲击面积的影响结果分析表明了在桩基缺陷的检测中需要根据实际情况进行多种频率和冲击面积的尝试，以获得更准确的结果。

7 跨海桥梁桥墩病变检测技术

东吾洋特大桥建成后,由于受海水侵蚀、风浪冲击等因素的影响,桥墩容易发生病变。为了确保大桥的安全运营,需要对桥墩进行定期检测和维护。

跨海桥梁桥墩病变检测技术具有重要的意义。桥墩是桥梁的重要组成部分。桥墩一旦发生病变,可能会导致桥梁垮塌,造成人员伤亡和财产损失。因此,对桥墩进行定期检测,可以及时发现桥墩的病变情况,并采取相应的措施进行维修和加固,以确保大桥的安全运营,提高大桥的抗灾能力,保障人民群众的生命财产安全。

7.1 跨海桥梁桥墩病变检测技术

7.1.1 相控阵列内部成像检测技术

1)超声波相控阵列的内部损伤检测

桥墩外壁布置线性探头阵列,通过控制不同探头的发射时刻,实现多个球面波的叠加,从而实现叠加后波阵面向一个点的聚焦,通过沿桥墩移动相控阵列,实现对桥墩内部指定深度的探测(图7-1)。当该深度存在损伤时,会发生明显的反射现象;如该深度不存在损伤,则接收信号中没有明显的反射波峰。

2)超声波信号的去噪与滤波研究

由于结构形式、材料性能的不同,在同一激励下会产生多个模态的应力波。为此,拟使用多种应力波模态共同构造损伤指标,提高损伤识别的精度和抗噪能力。通过希尔伯特-黄(HHT)变换将应力波信号转换为时频谱,定义损伤指标为特征区域上时频谱的面积分,其中特征区域是由时间窗

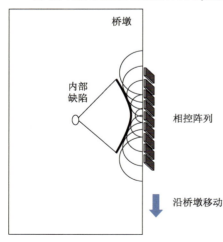

图 7-1 相控阵列检测总体方案

和频率窗所筛选出的矩形区域。通过数值仿真和物理实验验证,混合应力波模态的使用增加了传感器在噪声影响下识别透射波的能力,显示出比传统桥墩检测更加优越的识别效果(图7-2)。

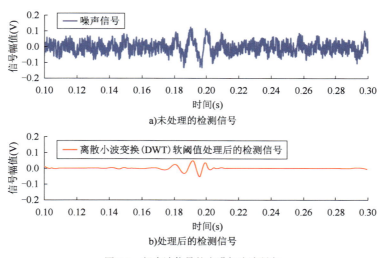

图7-2 超声波信号的去噪与滤波研究

3)水下体波传播理论

基于弹性理论,波场位移 u 可以通过亥姆霍兹分解表示为标量势 ϕ 与矢量势 ψ 的和,即:

$$u = \nabla\phi + \nabla \times \psi \tag{7-1}$$

其中矢量势 ψ 的散度为 0:

$$\nabla \cdot \psi = 0 \tag{7-2}$$

将式(7-1)代入 Navier 控制方程,有:

$$(\lambda + \mu)\nabla\nabla \cdot u + \mu\nabla^2 u = \rho\ddot{u} \tag{7-3}$$

其中 λ 和 μ 为 Lamé 常数。控制方程为:

$$(\lambda + \mu)\nabla\nabla \cdot (\nabla\phi + \nabla \times \psi) + \mu\nabla^2(\nabla\phi + \nabla \times \psi) = \rho(\nabla\ddot{\phi} + \nabla \times \ddot{\psi}) \tag{7-4}$$

通过应用以下方程

$$\nabla^2 u = \nabla\nabla \cdot u - \nabla \times \nabla \times u \tag{7-5}$$

$$\nabla \cdot \nabla\phi = \nabla^2\phi \tag{7-6}$$

$$\nabla \times \nabla \times \nabla\phi = \nabla \cdot \nabla \times \psi = 0 \tag{7-7}$$

控制方程可以解耦为:

$$\nabla[(\lambda + 2\mu)\nabla^2\phi - \rho\ddot{\phi}] + \nabla \times (\mu\nabla^2\psi - \rho\ddot{\psi}) = 0 \tag{7-8}$$

只有当括号中的两项同时消失时,才满足式(7-8),可得:

$$\nabla^2\phi - \frac{1}{v_P^2}\ddot{\phi} = 0 \tag{7-9}$$

$$\nabla^2\psi - \frac{1}{v_S^2}\ddot{\psi} = 0 \tag{7-10}$$

因此，P 波和 S 波的速度为：

$$v_P = \sqrt{\frac{\lambda + 2\mu}{\rho}} = \sqrt{\frac{E(1-\nu)}{(1+\nu)(1-2\nu)\rho}} \quad (7\text{-}11)$$

$$v_S = \sqrt{\frac{\mu}{\rho}} = \sqrt{\frac{E}{2(1+\nu)\rho}} \quad (7\text{-}12)$$

式中：E——弹性模量；
ν——泊松比；
ρ——密度；
v_P、v_S——P 波和 S 波的速度。

根据《建筑规范对结构混凝土的要求和注释》(ACI 318M-05)，弹性模量与抗压强度相关，有如下关系式：

$$E = 4700 \times 10^6 \sqrt{f_c'} \quad (7\text{-}13)$$

结合式(7-11)和式(7-13)，P 波速度与抗压强度关系为：

$$f_c' = \frac{\rho^2(1+\mu)^2(1-2\mu)^2}{4700^2 \times 10^{12}(1-\mu)^2} v_P^4 = \alpha_0 v_P^4 \quad (7\text{-}14)$$

需要注意的是，抗压强度与 P 波速度的四次方成正比。考虑水泥微结构的充水效应，应修改 f_c 与 v_P 之间的系数。因此，假定水下构件 P 波速度与抗压强度的关系为：

$$f_c' = \alpha v_P^4 \quad (7\text{-}15)$$

式中：α——P 波速度与抗压强度的相关系数。

α 通过后续实验确定。

7.1.2 基于弹性体波 CT 及面波的检测技术

在桥墩一侧用锤击产生低频弹性波，在相对一侧用高灵敏度传感器接收体波 P 波的信号。根据检测的 P 波波速与混凝土的强度有较强的相关关系，可以检测桥梁混凝土抗压强度的变化。基于锤击弹性波 CT 断层扫描成像中呈现的局部 P 波低速区，可以检测桥墩混凝土内部存在的不密实乃至空洞的范围。根据桥墩设计图纸，可以明确桥墩内钢筋的分布位置，从而考虑钢筋对检测的影响。为进一步完善与提高锤击弹性波 CT 检测桥墩混凝土的技术与精度，对锤击弹性应力波传播进行数值仿真分析，并结合比传统频谱分析更精准的信号时频分析技术，对传播的弹性应力波动力学特征进行分析。

与超声波法相比，锤击(冲击)法具有激振能量大且集中的特点，产生的应力波是低频波，受混凝土材料以及结构状况的差异性影响较小，体波衰减慢，测试深度显著提高，适用于对大体积非均匀的混凝土检测；而且桥墩具有两个对立的可检测面，可以在一侧布置锤击激振点，在相对一侧布置高灵敏度传感器测点，每次在一个激振点上进行激振产生锤击弹性波,在另一面的所有测点上接收经由混凝土内部传播的弹性波,最后形成检测断面内弹性波测线的交叉布置形式(图7-3)。根据"走时成像原理",实现CT断层扫描成像。

7.1.3 瑞利面波检测技术

瑞利波是一种沿固体表面传播的超声波,其引起振动的深度约为1.5倍的波长。通过控制瑞利波的波长,可以控制瑞利波的影响深度,从而避免瑞利波在内部配筋的反射,实现仅对钢筋保护层以内的表观混凝土的检测。当混凝土表面不存在开裂时,可根据瑞利波的速度、衰减、频率迁移等现象检测混凝土的材料性能;当混凝土表面存在开裂时,可根据瑞利波的透射和反射现象,逆向推求裂缝距离探头的位置,从而实现裂缝的检测与定位;当明确检测出裂缝位置后,可在裂缝两侧布置探头,通过瑞利波的传播延时,推算瑞利波传播的路径(图7-4)。

图7-3 锤击弹性波CT检测总体方案

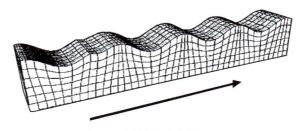

图7-4 瑞利波的振动形态(一)

体波是一种沿构件深度方向传播的超声波,当质点振动方向与体波传播方向一致时为纵波,当质点振动方向与体波传播方向垂直时为横波,通过在混凝土表面检测出纵波、横波速度,可以逆向推求混凝土的弹性模量、泊松比,进而换算出抗压强度(图7-5)。

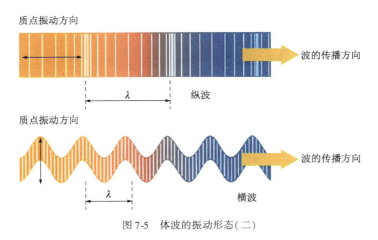

图7-5 体波的振动形态(二)

由于瑞利面波的振动更多锁定在混凝土表面,而体波的振动向混凝土深部传导,所以瑞利面波的传播距离更远,更适合水下混凝土表面的大范围检测。为此,通过对激振频率、入射角度的精确控制,可以分别激发出以体波为主导和以面波为主导的两种波场,从而可以分别应用体波与面波的物理特性,采用体波检测混凝土桥墩的材料性能、裂缝深度,采用面波检测混凝土桥墩的表面开裂情况。

在本节中,提出了一个解析模型来表征波在垂直固液界面上的传播。明确地推导出了固体和液体的位移和应力分量。利用固-液和液-气界面的边界条件,导出了一个隐式的长期方程。然后,对长期方程进行数值求解,得到波速随入射频率和材料性质的变化规律。图 7-6 所示为传统计算模型。图 7-7 为部分浸没在液层中固体的计算图。由于固体可以假设沿 y 轴是无限的,平面应变假设被应用于在二维空间中描述这个问题。

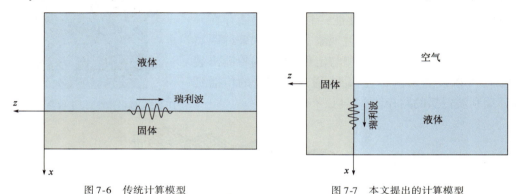

图 7-6　传统计算模型　　　　　图 7-7　本文提出的计算模型

首先,假定固体是均质的。由于胶凝材料和金属材料内部初始为非均匀性,辐射波可以在非均匀材料内部发生稳定衍射,而不产生明显的畸变。换句话说,入射波可以在不改变波形的情况下穿过固体,这意味着固体可以被看作是均匀的。其次,假定固体是各向同性的。由于胶凝材料和金属材料的微观结构是完全随机的,固体的力学性能与取向无关。再次,假定固体为线弹性的,入射波停留在弹性区域,固体中不产生塑性变形。

基于均匀、各向同性、线弹性假设,固体的几何和本构方程分别如式(7-1)和式(7-2)所示。由于采用了平面应变假设,因此消除了与 y 相关的应力和应变分量,并将其对 y 的导数设为 0。

$$\varepsilon_x = \frac{\partial u}{\partial x}, \varepsilon_z = \frac{\partial w}{\partial z}, \gamma_{xz} = \frac{\partial u}{\partial z} + \frac{\partial w}{\partial x}, \theta = \frac{\partial u}{\partial x} + \frac{\partial w}{\partial z} \tag{7-16}$$

$$\left.\begin{array}{l} \sigma_x = \dfrac{E}{1+\mu}\left(\dfrac{\mu}{1-2\mu}\theta + \varepsilon_x\right) \\[2mm] \sigma_z = \dfrac{E}{1+\mu}\left(\dfrac{\mu}{1-2\mu}\theta + \varepsilon_z\right) \\[2mm] \sigma_{zx} = \dfrac{E}{2(1+\mu)}\gamma_{zx} \end{array}\right\} \tag{7-17}$$

公式中 E 和 μ 分别为杨氏模量和泊松比。将式(7-16)代入式(7-17),应力分量以位移分量表示有:

$$\left.\begin{aligned}\sigma_x &= \frac{E}{1+\mu}\left[\frac{\mu}{1-2\mu}\left(\frac{\partial u}{\partial x}+\frac{\partial w}{\partial z}\right)+\frac{\partial u}{\partial x}\right]\\ \sigma_z &= \frac{E}{1+\mu}\left[\frac{\mu}{1-2\mu}\left(\frac{\partial u}{\partial x}+\frac{\partial w}{\partial z}\right)+\frac{\partial w}{\partial z}\right]\\ \sigma_{zx} &= \frac{E}{2(1+\mu)}\left(\frac{\partial u}{\partial z}+\frac{\partial w}{\partial x}\right)\end{aligned}\right\} \quad (7\text{-}18)$$

由于大多数机械结构都受重力作用,所提出的力学模型考虑了物体沿 x 轴的力。因此,平衡微分方程为:

$$\left.\begin{aligned}\frac{\partial \sigma_x}{\partial x}+\frac{\partial \sigma_{xz}}{\partial z}+\rho g\frac{\partial u}{\partial x} &= \rho\frac{\partial^2 u}{\partial t^2}\\ \frac{\partial \sigma_{zx}}{\partial x}+\frac{\partial \sigma_z}{\partial z}+\rho g\frac{\partial u}{\partial z} &= \rho\frac{\partial^2 w}{\partial t^2}\end{aligned}\right\} \quad (7\text{-}19)$$

公式中 ρ 是固体密度,g 是重力加速度。将式(7-18)代入式(7-19),得到运动方程为:

$$\left.\begin{aligned}P_1\frac{\partial^2 u}{\partial x^2}+P_2\frac{\partial^2 w}{\partial x\partial z}+P_3\frac{\partial^2 u}{\partial z^2}+\rho g\frac{\partial u}{\partial x} &= \rho\frac{\partial^2 u}{\partial t^2}\\ P_3\frac{\partial^2 w}{\partial x^2}+P_2\frac{\partial^2 u}{\partial x\partial z}+P_1\frac{\partial^2 w}{\partial z^2}+\rho g\frac{\partial u}{\partial z} &= \rho\frac{\partial^2 w}{\partial t^2}\end{aligned}\right\} \quad (7\text{-}20)$$

其中

$$P_1=\frac{E(1-\mu)}{(1+\mu)(1-2\mu)},\ P_2=\frac{E}{2(1+\mu)(1-2\mu)},\ P_3=\frac{E}{2(1+\mu)} \quad (7\text{-}21)$$

式(7-21)的通解为:

$$\left.\begin{aligned}u &= B\mathrm{e}^{-skz+\mathrm{i}k(x-ct)}\\ w &= D\mathrm{e}^{-skz+\mathrm{i}k(x-ct)}\end{aligned}\right\} \quad (7\text{-}22)$$

式中:c——固体中的波速;

k——波数;

s——沿 z 轴衰减幅度的系数。

将式(7-22)代入式(7-20),得到两个代数方程:

$$\left.\begin{aligned}(-P_1+s^2P_3+\mathrm{i}\rho g/k+\rho c^2)B-(\mathrm{i}sP_2)D &= 0\\ (-\mathrm{i}sP_2-s\rho g/k)B+(-P_3+s^2P_1+\rho c^2)D &= 0\end{aligned}\right\} \quad (7\text{-}23)$$

由于 B 和 D 分别表示沿 x 轴和 z 轴的位移大小,B 和 D 不能等于零,这就意味着式(7-23)的行列式必须为零:

$$(-P_1+s^2P_3+\mathrm{i}\rho g/k+\rho c^2)(-P_3+s^2P_1+\rho c^2)+(\mathrm{i}sP_2)(-\mathrm{i}sP_2-s\rho g/k)=0 \quad (7\text{-}24)$$

将式(7-24)进一步简化,得到 s^2 的二次方程:

$$M_1s^4+M_2s^2+M_3=0 \quad (7\text{-}25)$$

其中

$$\left.\begin{array}{l}M_1 = P_1 P_3 \\ M_2 = -P_1^2 - P_3^2 + \rho c^2 P_3 + \dfrac{i\rho g}{k} P_1 + \rho c^2 P_1 + P_2^2 - \dfrac{i\rho g}{k} P_2 \\ M_3 = P_1 P_3 - \rho c^2 P_1 - \dfrac{i\rho g}{k} P_3 + \dfrac{i\rho g}{k} \rho c^2 - \rho c^2 P_3 + \rho^2 c^4 \end{array}\right\} \quad (7\text{-}26)$$

式(7-25)有两个根：

$$\left.\begin{array}{l} s_1^{\;2} = \dfrac{-M_2 + \sqrt{M_2^2 - 4 M_1 M_3}}{2 M_1} \\ s_2^{\;2} = \dfrac{-M_2 - \sqrt{M_2^2 - 4 M_1 M_3}}{2 M_1} \end{array}\right\} \quad (7\text{-}27)$$

根据式(7-23)，D 与 B 之比可以表示为 η：

$$\left.\begin{array}{l}\eta_1 = \dfrac{D}{B} = \dfrac{-P_1 + s_1^{\;2} P_3 + \dfrac{i\rho g}{k} + \rho c^2}{i s_1 P_2} \\ \eta_2 = \dfrac{D}{B} = \dfrac{-P_1 + s_2^{\;2} P_3 + i\rho g/k + \rho c^2}{i s_2 P_2}\end{array}\right\} \quad (7\text{-}28)$$

因此，式(7-22)中的位移分量可以改写为：

$$\left.\begin{array}{l} u = (B_1 e^{-s_1 k z} + B_2 e^{-s_2 k z}) e^{ik(x-ct)} \\ w = (\eta_1 B_1 e^{-s_1 k z} + \eta_2 B_2 e^{-s_2 k z}) e^{ik(x-ct)} \end{array}\right\} \quad (7\text{-}29)$$

将式(7-29)代入式(7-18)，应力分量可改写为：

$$\left.\begin{array}{l} \sigma_x = \dfrac{E_t E}{1+\mu}\left[\dfrac{\mu}{1-2\mu}(iE_1 + iE_2 - s_1 \eta_1 E_1 - s_2 \eta_2 E_2) + iE_1 + iE_2\right] \\ \sigma_z = \dfrac{E_t E}{1+\mu}\left[\dfrac{\mu}{1-2\mu}(iE_1 + iE_2 - s_1 \eta_1 E_1 - s_2 \eta_2 E_2) - s_1 \eta_1 E_1 - s_2 \eta_2 E_2\right] \\ \sigma_{zx} \sigma_{zx} = \dfrac{E_t E}{2(1+\mu)}(-s_1 E_1 - s_2 E_2 + i\eta_1 E_1 + i\eta_2 E_2) \end{array}\right\} \quad (7\text{-}30)$$

其中

$$E_1 = k B_1 e^{-s_1 k z}, E_2 = k B_2 e^{-s_2 k z}, E_t = e^{ik(x-ct)} \quad (7\text{-}31)$$

由式(7-29)和式(7-30)得到固体的位移和应力分量。首先，通过了解位移分量和应力分量，可以对固体波场进行解析表征。其次，通过求解液体的位移分量和应力分量的表达式来表征液体的波场。为简单起见，液体被认为是无黏性和不可压缩的。通过引入位移势函数 χ，可以得到一维波动方程：

$$\nabla^2 \chi = \dfrac{1}{\gamma^2} \dfrac{\partial^2 \chi}{\partial t^2} \quad (7\text{-}32)$$

γ 为液体的波速，可以通过下式计算：

$$\gamma = \sqrt{\frac{\lambda}{\theta}} \tag{7-33}$$

式中：λ——液体弹性常数；

θ——液体的密度。

求解式(7-32)，则可以假设沿 x 轴和 z 轴的位移分量为：

$$\left.\begin{aligned} m &= \mathrm{i}k(A_1 \mathrm{e}^{Tkz} + A_2 \mathrm{e}^{-Tkz})E_t \\ n &= kT(A_1 \mathrm{e}^{Tkz} - A_2 \mathrm{e}^{-Tkz})E_t \end{aligned}\right\} \tag{7-34}$$

因此，液体的压力场可以表示为：

$$\begin{aligned} p &= \lambda\left(\frac{\partial m}{\partial x} + \frac{\partial n}{\partial z}\right) \\ &= \lambda\left[-k^2(A_1 \mathrm{e}^{Tkz} + A_2 \mathrm{e}^{-Tkz}) + kT(Tk A_1 \mathrm{e}^{Tkz} + Tk A_2 \mathrm{e}^{-Tkz})\right]E_t \end{aligned} \tag{7-35}$$

其中

$$T = \sqrt{1 - \frac{c^2}{\gamma^2}} \tag{7-36}$$

通过了解固体和液体的位移和应力分量，引入边界条件，可以导出特征方程。特征方程的根表示瑞利波的传播速度。根据图7-7所示的计算图，可以利用固-液-气界面的边界条件推导出特征方程。第一，在固-液界面处，法向应力和位移分量应一致。

$$\left.\begin{aligned} x > 0, z &= 0, w = n \\ x > 0, z &= 0, \sigma_z = -p \end{aligned}\right\} \tag{7-37}$$

第二，液体的剪应力分量应等于0，因为无黏性液体不能传递剪应力。

$$x > 0, z = 0, \sigma_{xz} = 0 \tag{7-38}$$

最后，液-气界面处的液体压力为0，因为液体表面无牵引力，即：

$$x = 0, z = 0, p = 0 \tag{7-39}$$

根据边界条件，如式(7-37)~式(7-39)所示，将固体和液体的位移和应力分量代入边界条件即可得到特征方程。通过回忆式(7-29)、式(7-30)、式(7-34)、式(7-35)，可以将式(7-37)~式(7-39)改写为：

$$\eta_1 B_1 + \eta_2 B_2 = kT(A_1 - A_2) \tag{7-40}$$

$$\begin{aligned} &\frac{E_t E}{1+\mu}\left[\frac{\mu}{1-2\mu}(\mathrm{i}B_1 + \mathrm{i}B_2 - s_1\eta_1 B_1 - s_2\eta_2 B_2) - (s_1\eta_1 B_1 + s_2\eta_2 B_2)\right] \\ &= -\lambda k(-A_1 - A_2 + A_1 T^2 + A_2 T^2)E_t \end{aligned} \tag{7-41}$$

$$B_1 = \xi B_2, \xi = \frac{s_2 - \mathrm{i}\eta_2}{\mathrm{i}\eta_1 - s_1} \tag{7-42}$$

$$A_2 = -A_1 \tag{7-43}$$

由上述四个代数方程可解出四个待定系数 A_1、A_2、B_1、B_2。将式(7-42)和式(7-43)代入式(7-40)，可以消去 B_1 和 A_2：

$$(\eta_1\xi + \eta_2)B_2 = 2kTA_1 \tag{7-44}$$

将式(7-44)代入式(7-41)即可得到隐式的特征方程：

$$i\mu(1+\xi) + (\mu-1)(s_1\eta_1\xi + s_2\eta_2) = 0 \tag{7-45}$$

特征方程包含了瑞利波速随材料性质和入射频率的变化。为了对特征方程进行数值求解，编写了 MATLAB 程序，根据不同的输入参数计算出瑞利波速 c。例如，固体和液体分别被设置为玻璃和水。玻璃和水的材料性能分别见表 7-1 和表 7-2。根据式(7-30)，理论瑞利波速计算为 2352.8m/s。通过改变入射频率至 2MHz，计算一系列瑞利波速，得到玻璃-水界面处瑞利波频散曲线，如图 7-8 所示。可见，瑞利波速与入射频率无关，这意味着玻璃-水界面处的瑞利波是非频散的。这一观测结果符合经典瑞利波在固体-空气界面上的传播特征，即当固体均匀时，瑞利波是非频散的。为了比较，玻璃-空气界面上瑞利波的频散曲线也由下面的基于拉格朗日方法[6]的特征方程计算：

$$\left(2 - \frac{c_a^2}{c_S^2}\right)^2 - 4\sqrt{\left(1 - \frac{c_a^2}{c_P^2}\right)\left(1 - \frac{c_a^2}{c_S^2}\right)} = 0 \tag{7-46}$$

式中：c_a——玻璃-空气界面处的瑞利波速；

c_P、c_S——压力波速度和横波速度。

图 7-9 给出了玻璃-空气和玻璃-水界面的压力波（P 波）、横波（S 波）和瑞利波（R 波）的波速，理论波速分别为 5244.0m/s、3027.7m/s、2783.6m/s 和 2352.8m/s。计算结果符合传统规律，即 S 波速度小于 P 波速度，而 R 波在固-气界面处的速度小于 S 波速度。更重要的是，玻璃-水界面处的瑞利波速略低于玻璃-空气界面处的瑞利波速。

固体介质的尺寸和材料性质 表 7-1

材料	密度 ρ(kg/m³)	弹性模量 E(GPa)	泊松比 μ	尺寸(cm)
玻璃	2400	55	0.25	20×20×4
铝	2700	70	0.30	20×20×4
铁	7340	160	0.25	20×20×4
水泥砂浆	2100	14	0.18	30×15×15

空气和水的材料性质 表 7-2

材料	密度(kg/m³)	波速(m/s)	弹性模量(GPa)
空气	1.293	343	—
水	1000	1500	2.18

此外，还考虑了其他三种类型的固体材料（铝、铁、水泥砂浆）。这些固体的尺寸和材料性质见表 7-1。铝、铁、水泥砂浆的理论波速分别为 2429.5m/s、2294.6m/s、1314.9m/s。通过改变入射频率，这些材料的频散曲线如图 7-8 所示。图 7-9 显示了均匀固体时，固-液界面处的瑞利波是非频散的。另外，瑞利波速与固体材料的性质有关。通过设置不同的弹性模量、泊松比和密度，研究了波速随固体材料性质的变化规律。P 波、S 波、R 波（空气）、R 波

（水）的波速(m/s)随材料特性的变化分别如图 7-9 至图 7-11 所示。可以看出，波速随弹性模量的增大而增大，波速随密度和泊松比的增大而减小。

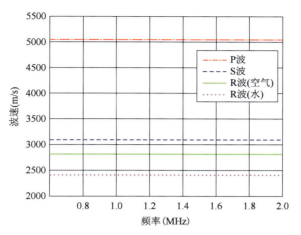

图 7-8 玻璃-水界面瑞利波的频散曲线

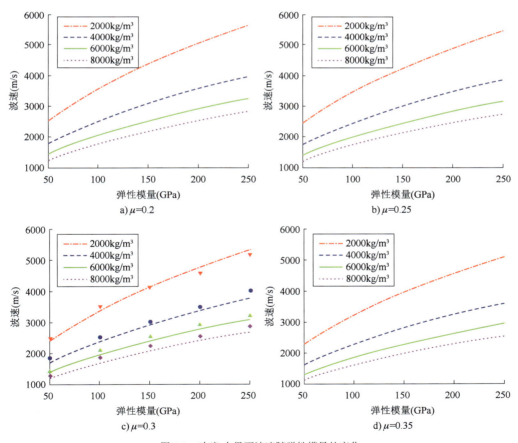

图 7-9 玻璃-水界面波速随弹性模量的变化

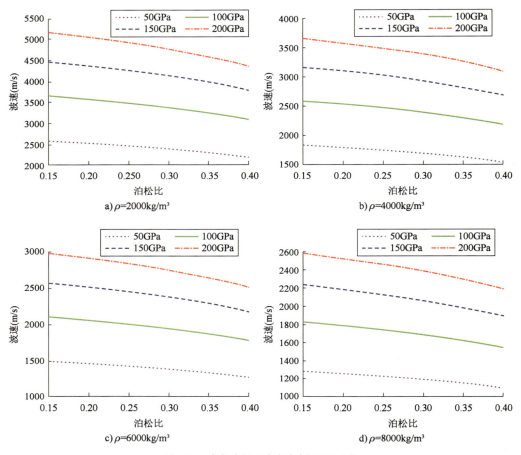

图 7-10 玻璃-水界面波速随泊松比的变化

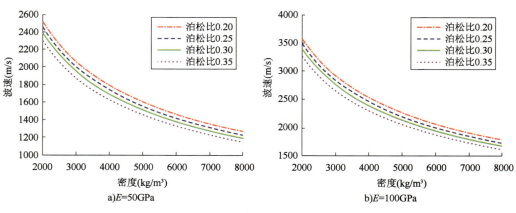

图 7-11

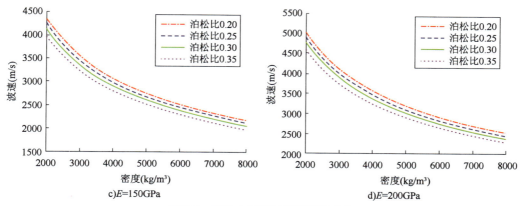

图 7-11 玻璃-水界面波速随密度的变化

本节建立了部分浸没在水平液体层中的垂直固体表面瑞利波传播的解析模型。推导并求解了垂直固-液界面处瑞利波速的特征方程。对于均匀、各向同性和弹性固体,瑞利波速与入射频率无关。计算得到的固-液界面的瑞利波速略低于固-气界面的瑞利波速。其中,波速随着弹性模量的增大而增大;相反地,随着密度及泊松比的增大而减小。

7.2 基于瑞利面波传播的数值模拟

在 COMSOL 中建立有限元模型,模拟波在固-液界面的传播。材料性质与解析模型相同(表 7-1、表 7-2)。空气和液体采用压力声学(瞬态)模拟,固体采用固体力学(弹性波)模拟。两个换能器位于固-液界面,分别用于发射和接收波包。通过 Hann 函数将激励设置为 20 个周期的正弦信号,中央频率 f_c 设置为 50kHz。激励信号和接收信号都是指质点在水平方向上振动的位移。完美匹配的层,其厚度设置为 30mm,围绕模型吸收边界反射。不同介质中的近似波速见表 7-3。典型波长的计算方法是近似的波速除以中心频率。空气和液体周围的完美匹配层的典型波速设置为 1500m/s,固体周围的完美匹配层的典型波速设置为默认值。固体边界设置为低反射,空气和液体边界设置为平面波辐射。

完美匹配层的典型波长 表 7-3

介质	近似波速(m/s)	波长(mm)
固体	2400	48
液体	1500	30
气体	343	6.86

模型采用自由四边形网格进行离散。最大网格尺寸为 $1500/f_c/5$,最小网格尺寸为 $1500/f_c/6$。完美匹配的层被一个映射网格离散。在完全匹配层的厚度方向上分配 10 个网格。总分析时间、输出步长、分析时间步长分别设置为 1ms、1μs、$1/60/f_c$。模拟的波场如图 7-12 所示。激励波在固体和液体介质中受到约束。因为在这种情况下,固体比液体硬,所以大部分的波能会泄漏到液体中。同时,没有波能泄漏到空气中,因为空气的声阻抗明显小于固体和液体的声阻抗。

固-气界面和液-气界面可以看作是完美的反射面。

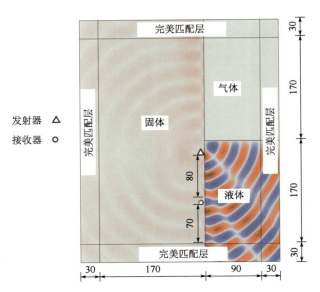

图 7-12　有限元模型及模拟波场结构示意图(尺寸单位:mm)

图 7-13 为入射信号和接收信号的时域波形和频率波形。由于入射波包从发射机传输到接收机需要时间,因此接收到的波峰与入射波相比有一定的时间延迟。图 7-13 中入射波和接收波的峰值用三角形标记,两者之间的延时计算为 32.5s。由于发射端与接收端之间的距离为 80mm,因此计算出的波速为 2461.5m/s。模拟的波速与解析值 2385.7m/s 比较符合,验证了模型的正确性。

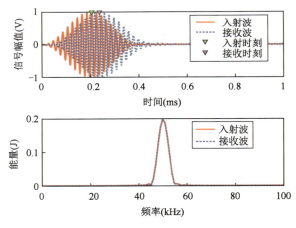

图 7-13　激励信号与接收信号波形

为了进一步检验所提出的解析模型,使用不同的弹性模量和密度进行了 20 次模拟。由于大多数固体材料的泊松比约为 0.3,这些模拟的泊松比固定在 0.3。模拟的波速见表 7-4,并与理论值进行比较。模拟波速与理论波速的相对误差小于 10.3%。同时,模拟的波速绘制在图 7-10c)中。这些标记的分布符合理论曲线,证明了该方法的可靠性。

模拟波速与理论波速的关系 表7-4

编号	弹性模量(GPa)	密度(kg/m³)	模拟波速(m/s)	理论波速(m/s)	相对误差(%)
1	50	2000	2461.5	2385.7	3.2
2	100		3478.3	3373.9	3.1
3	150		4102.6	4132.2	-0.7
4	200		4571.4	4771.4	-4.2
5	250		5161.3	5334.6	-3.2
6	50	4000	1839.1	1686.9	9.0
7	100		2500.0	2385.7	4.8
8	150		3018.9	2921.9	3.3
9	200		3478.3	3373.9	3.1
10	250		4000.0	3772.1	6.0
11	50	6000	1428.6	1377.4	3.7
12	100		2105.3	1947.9	8.1
13	150		2539.7	2385.7	6.5
14	200		2909.1	2754.8	5.6
15	250		3200.0	3079.9	3.9
16	50	8000	1290.3	1192.9	8.2
17	100		1860.5	1686.9	10.3
18	150		2222.2	2066.1	7.6
19	200		2539.7	2385.7	6.5
20	250		2857.1	3079.9	-7.2

7.2.1 基于瑞利面波传播的室内实验

本节将对玻璃、铝、铁、水泥砂浆四种不同的固体材料进行物理实验,以验证所提出的解析模型。固体材料的尺寸和材料性能由生产商提供,见表7-1固体介质的尺寸和材料性质。在玻璃、铝、铁上的传播距离为18cm,在水泥砂浆上的传播距离为28cm。如7.3节所述,在透传测试的基础上测量波速。通过Hann函数窗口将入射波设置为20个周期的正弦波,中央频率f_c设置为800kHz。激励由泰克AFG31000信号发生器产生。激励的最大电压设置为10Vp-p。用AE1045SW纵向传感器将波包发送到固体表面。该换能器由富士陶瓷公司制造,可以将电压线性转换为机械振动,反之亦然。波包通过试样传播后,被另一个换能器接收。由于在传输、传播和接收过程中的能量损失,接收到的信号远小于激励信号。因此,使用PXPA3放大器将接收信号放大40dB的增益。最后将放大后的信号存储在Tektronix MSO64数字示波器上。实验仪器的连接和照片分别如图7-14和图7-15所示。

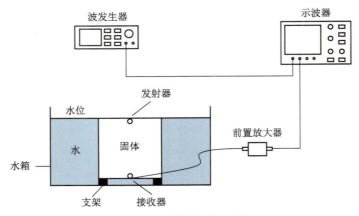

图 7-14 试验仪器连接示意图

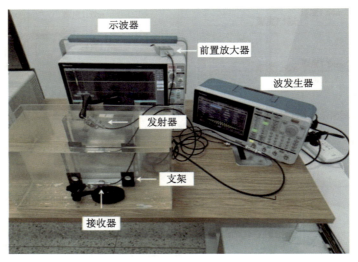

图 7-15 试验仪器的图片

图 7-16 为试验信号的时域波形和频率波形。最大的波峰被认为是瑞利波的到达。接收信号的尾部可能与边界反射波和其他界面波有关。入射信号和接收信号的最大波峰分别用两个三角形表示。通过了解传感器之间的距离和入射信号与接收信号之间的时延,可以计算出瑞利波速。

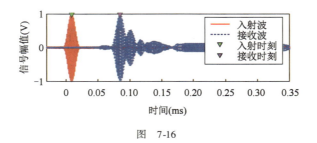

图 7-16

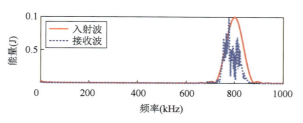

图 7-16　试验信号时频波形和频率波形

为保证测量的可靠性,对每个试件采用多个入射频率进行测试。玻璃、铝、铁、水泥砂浆实测瑞利波速分别见表 7-5 ~ 表 7-8。与理论值比较,玻璃、铝、铁、水泥砂浆的相对误差分别小于 2.7%、2.3%、4.8%、4.7%。图 7-17 为试验数据的散点图。试验数据的分布符合理论曲线,验证了模型的正确性。

玻璃中试验瑞利波速　　　　　　　　　　　　　　　　表 7-5

编号	频率(kHz)	试验速度(m/s)	理论速度(m/s)	相对误差(%)
1	40	2375.0		0.9
2	45	2416.4		2.7
3	50	2381.2		1.2
4	55	2414.1		2.6
5	60	2386.2		1.4
6	65	2362.5	2352.8	0.4
7	70	2361.4		0.4
8	75	2406.0		2.3
9	80	2386.0		1.4
10	85	2385.6		1.4
11	90	2386.1		1.4

铝中试验瑞利波速　　　　　　　　　　　　　　　　表 7-6

编号	频率(kHz)	试验速度(m/s)	理论速度(m/s)	相对误差(%)
1	40	2427.8		-0.1
2	45	2460.8		1.3
3	50	2461.2		1.3
4	55	2458.0		1.2
5	60	2456.6	2429.5	1.1
6	65	2433.0		0.1
7	70	2433.3		0.2
8	75	2373.5		-2.3
9	80	2468.9		1.6

铁中试验瑞利波速　　　　表 7-7

编号	频率(kHz)	试验速度(m/s)	理论速度(m/s)	相对误差(%)
1	40	2235.7	2294.6	-2.6
2	45	2267.7		-1.2
3	50	2263.9		-1.3
4	55	2214.9		-3.5
5	60	2263.8		-1.3
6	65	2241.2		-2.3
7	70	2219.8		-3.3
8	75	2184.3		-4.8
9	80	2256.6		-1.7

水泥砂浆中试验瑞利波速　　　　表 7-8

编号	频率(kHz)	试验速度(m/s)	理论速度(m/s)	相对误差(%)
1	40	1271.1	1314.9	-3.3
2	45	1295.1		-1.5
3	50	1295.1		-1.5
4	55	1252.6		-4.7

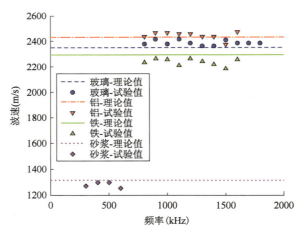

图 7-17　频散曲线和试验数据点

为了验证所提出的模型,对不同弹性模量和密度的固体材料进行了 20 次瑞利波传播模拟。模拟波速与理论波速的相对误差小于 10.3%。在玻璃、铝、铁、水泥砂浆等的不同入射频率下进行了 33 次瑞利波透射试验。玻璃、铝、铁、水泥砂浆的实测波速符合理论曲线。玻璃、铝、铁和水泥砂浆的平均波速相对误差分别为 1.4%、0.5%、2.4% 和 2.8%(表 7-9)。仿真和实验结果表明,该模型可以为水下结构的无损检测和结构健康监测提供精确的解析波速。

试验波速 表7-9

材料	玻璃	铝	铁	水泥砂浆
理论波速(m/s)	2352.8	2429.5	2294.6	1314.9
平均波速(m/s)	2387.3	2441.5	2238.6	1278.5
平均波速相对误差(%)	1.4	0.5	2.4	2.8

7.2.2 基于瑞利面波的强度检测理论

通过应用平面应变的假设,R 波在 xOz 平面上传播,忽略 y 方向上的位移 v。ϕ 和 ψ 独立于 y:

$$\nabla \phi = (\phi_{,x}, 0, \phi_{,z}) \tag{7-47}$$

$$\nabla \times \psi = (\psi_{3,y} - \psi_{2,z}, \psi_{1,z} - \psi_{3,x}, \psi_{2,x} - \psi_{1,y}) \tag{7-48}$$

由于 v 被忽略,ψ_1 和 ψ_3 是零或常数。因此,式(7-1)变成了:

$$u = \nabla \phi + \nabla \times \psi = (\phi_x - \psi_{2,z}, 0, \phi_{,z} + \psi_{2,x}) \tag{7-49}$$

谐波解是:

$$\phi = C_1(z) e^{i(kx - \omega t)} \tag{7-50}$$

$$\psi_2 = C_2(z) e^{i(kx - \omega t)} \tag{7-51}$$

式中:k——波数;

ω——圆频率;

C_1、C_2——z 的函数。

将式(7-50)和式(7-51)代入式(7-9)和式(7-10),有:

$$\phi = A e^{-kqz} e^{ik(x - ct)} \tag{7-52}$$

$$\psi_2 = B e^{-ksz} e^{ik(x - ct)} \tag{7-53}$$

其中

$$q^2 = 1 - (c/v_P)^2 \tag{7-54}$$

$$s^2 = 1 - (c/v_S)^2 \tag{7-55}$$

$$c = \omega/k \tag{7-56}$$

A 和 B 是任意常数。将式(7-52)和式(7-53)代入式(7-49),得到位移分量:

$$u = k(iA e^{-qz} + sB e^{-sz}) e^{ik(x - ct)} \tag{7-57}$$

$$w = -k(qA e^{-qz} - iB e^{-sz}) e^{ik(x - ct)} \tag{7-58}$$

得到应力分量:

$$\sigma_{33} = k^2 D(rA e^{-qz} + 2isB e^{-sz}) e^{ik(x - ct)} \tag{7-59}$$

$$\sigma_{31} = k^2 D(-2iqA e^{-qz} - rB e^{-sz}) e^{ik(x - ct)} \tag{7-60}$$

$$r = 2 - (c/v_S)^2 \tag{7-61}$$

考虑混凝土与空气界面处的边界条件,$\sigma_{33}=0,\sigma_{31}=0$。代回式(7-28)和式(7-29),有:

$$rA + 2isB = 0 \tag{7-62}$$

$$-2iqA - rB = 0 \tag{7-63}$$

为了获得非平凡解,A 和 B 之前的系数行列式应为 0:

$$\begin{vmatrix} r & 2is \\ -2iq & -r \end{vmatrix} = r^2 - 4sq = 0 \tag{7-64}$$

通过引入符号:

$$\eta = c/v_S \tag{7-65}$$

$$\xi = v_S/v_P \tag{7-66}$$

推导出 R 波的长期方程为:

$$\eta^6 - 8\eta^4 + 8\eta^2(3-2\xi^2) + 16(\xi^2-1) = 0 \tag{7-67}$$

基于近似方法[21]求解方程式(7-66)的实根:

$$V_R = \frac{0.87 + 1.12\mu}{1+\mu} v_S \tag{7-68}$$

V_R 代表 Rayleigh 波速(Rayleigh wave velocity),后简称为 R 波速。

回代方程式(7-12)和式(7-14),R 波速与抗压强度有关:

$$f'_c = \frac{1}{4700^2 \times 10^{12}} \frac{4\rho^2(1+\mu)^6 V_R^4}{(0.87+1.12\mu)^4} = \mathcal{B}_0 v_P^4 \tag{7-69}$$

$\mathcal{B}_0$ 为一与材料本构性质相关的常数。

需要注意的是,抗压强度与 P 波速度的四次方成正比。然而,这个方程适用于水面上的分量。R 波速度也受到水的影响。一方面,微观组织的充水效应影响着材料的组成;另一方面,构件周围的水影响了边界条件,导致 R 波的泄漏。因此,假定水下构件 R 波速与抗压强度的关系为:

$$f'_c = \beta V_R^4 \tag{7-70}$$

β 为一调整系数,用于修正理想公式(无水环境下的关系)在水下条件下的适用性。

7.2.3 基于瑞利面波的强度检测模拟

在 COMSOL 中建立了一系列有限元模型,模拟了 70mm × 70mm × 70mm 水泥砂浆砌块中波的产生、传播和接收。水泥砂浆密度和泊松比分别设定为 2200kg/m³ 和 0.22。采用固体力学方法对水泥砂浆砌块进行了模拟。水泥砂浆砌块周围设置水。密度、弹性模量和水中波速分别设置为 1000kg/m³、2.18GPa 和 1500m/s。在水界处设置平面波辐射,以减少波的反射。水用压力声学(瞬态)进行模拟。用汉宁窗将激励波形设置为 2 个正弦波。中心频率 f_c 设置为 50kHz。激励和接收为沿水平方向的位移。这些模型使用自由三角形网格进行离散化。最大网格尺寸为 $1500/f_c/6$,最小网格大小为 $1500/f_c/8$。模拟持续 45μs,时间步设置为 $1/60/f_c$。输出步设置为 0.1。建立了一系列有限元模型,分别模拟 P 波和 R 波的测试过程。

模拟 P 波场如图 7-18 所示。激励源放置在水泥砂浆块的左侧，将波脉冲发射到试件中。水波和首波在水中产生。水波的波前为圆形，热波的波前为线性。同时在砂浆中产生 P 波和 S 波。P 波和 S 波的波前是圆形的。接收器放置在右侧，记录 P 波穿透砂浆块后的波形。

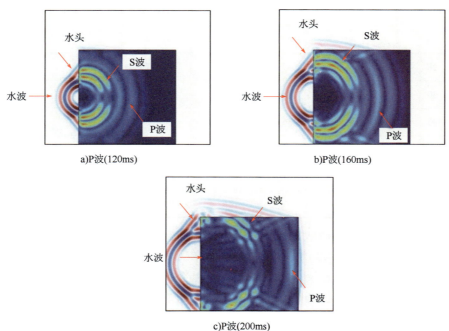

图 7-18 模拟 P 波场

例如，一对激励和接收信号如图 7-19 所示。激发峰和接收峰用绿色三角形表示。传播时间由两个峰值确定。由于激励端与接收端之间的距离为 50mm，故 P 波速度计算为 2415.5m/s。进行了一系列仿真。通过设置弹性模量，按式(7-13)计算抗压强度。测量 P 波速度，列于表 7-10。

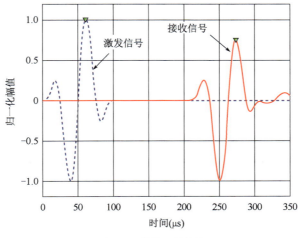

图 7-19 模拟 P 波信号

模拟波速 表 7-10

弹性模量(GPa)	抗压强度(MPa)	P 波速(m/s)	R 波速(m/s)
22	21.91	3301.89	1960.78
24	26.08	3448.28	2032.52
26	30.60	3571.43	2118.64
28	35.49	3703.70	2192.98
30	40.74	3846.15	2272.72
32	46.36	3954.80	2347.42
34	52.33	4069.77	2415.46
36	58.67	4191.62	2487.56
38	65.37	4294.48	2564.10

抗压强度与 P 波速度的四次方成正比。因此,通过仿真验证了式(7-14)和式(7-15)中的公式。模拟 R 波场如图 7-20 所示。激励源放置在水泥砂浆砌块的左上角,将波脉冲传输到试样中。与水面上的情况相反,除了水之外,还会产生 R 波、首波、P 波和 S 波。R 波的波前是环形的。接收端距离发射端 50mm,记录 R 波通过水泥砂浆砌块顶部后的波形。

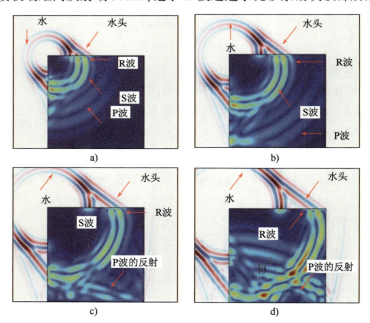

图 7-20 模拟 R 波场

例如,一对激励和接收信号如图 7-21 所示。激发峰和接收峰用绿色三角形表示。传播时间由这两个峰值确定。由于发射端与接收端之间的距离为 70mm,故 R 波速度计算为

3301.9m/s。进行了一系列仿真。通过设置弹性模量,按式(7-13)计算抗压强度。测量的 R 波速列在表 7-10 中。R 波速与抗压强度的关系如图 7-21 所示。

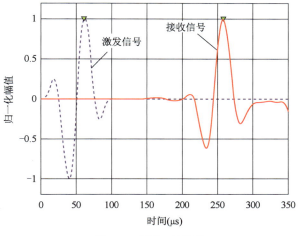

图 7-21 模拟 R 波信号

7.2.4 基于瑞利面波的强度检测实验

为确定系数 α 和 β,配制了 30 块不同水灰比和灰砂比的砂浆块。水泥砂浆试件的配合比见表 7-11。所有标本在 20℃ ± 2℃ 下固化 28d。块体尺寸为 70.7mm × 70.7mm × 70.7mm。图 7-22 为砂浆试件照片。

砂浆试件的配合比　　　　表 7-11

序号	水灰比	灰砂比	强度(MPa)
1,2,3	0.40	1.5	27.48,34.08,50.76
4,5,6	0.40	2.0	66.67,69.72,65.60
7,8,9	0.45	1.5	59.88,65.16,59.88
10,11,12	0.45	2.0	78.66,76.43,47.42
13,14,15	0.50	1.5	28.84,57.34,64.76
16,17,18	0.50	2.0	35.63,34.34,44.59
19,20,21	0.55	1.5	46.63,52.29,36.58
22,23,24	0.55	2.0	54.49,49.12,43.40
25,26,27	0.60	1.5	33.42,28.09,30.33
28,29,30	0.60	2.0	34.88,40.99,29.92

测试设备照片如图7-23所示。超声波脉冲由泰克AFG31000波发生器发送。脉冲由2个由Hann函数加窗的正弦波组成。脉冲的振幅为10Vp-p。脉冲由一个防水传感器发送,并由另一个传感器接收。接收信号使用前置放大器PXPA3放大40dB。放大后的信号最终通过数字示波器Tektronix MSO64显示。设置两种方法分别测量P波速度和R波速度。第一种方法为透射法,如图7-24a)所示。超声波脉冲在试块的一侧发射,在另一侧接收。脉冲以P波的形式在试块中传播。第二种构型为表面波测量,如图7-24b)所示,超声波脉冲在试块面上从一侧向另一侧发射和接收。脉冲以R波的形式沿试块表面传播。

图7-22 砂浆标本照片　　　　图7-23 测试设备照片

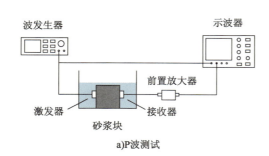
a)P波测试

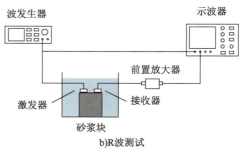
b)R波测试

图7-24 测试设备的连接

例如,典型的测量波形如图7-25所示。激励峰值在0.84μs,接收信号峰值在19.83μs。传播时间计算为19.83 - 0.84 = 18.99μs。因此,计算得到波速为70.7mm/18.99μs = 3723.0m/s。P波速度和R波速度对每个试块测量4次,见表7-12。

7 跨海桥梁桥墩病变检测技术

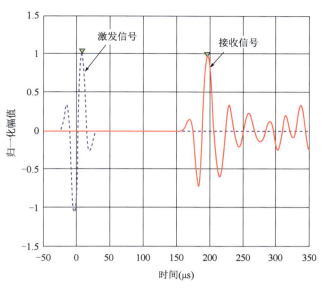

图 7-25　典型的测量波形

试验波速（单位：m/s）　　　　　　　　　　　　　　表 7-12

序号	P 波波速	R 波波速
1	3710.58,3807.35,3821.06,3706.08	2436.67,2426.90,2358.56,2358.02
2	3816.27,3797.87,3811.47,3816.59	2404.72,2409.85,2509.26,2434.77
3	3774.94,3853.59,3813.87,3871.93	2402.14,2344.73,2389.35,2469.67
4	3964.19,4010.00,3848.25,4010.00	2453.87,2508.18,2456.54,2518.08
5	4042.79,4055.74,4051.53,4081.79	2409.29,2609.09,2609.83,2455.94
6	3924.00,3976.87,3973.95,3986.96	2599.78,2597.11,2511.45,2484.15
7	3955.03,4026.55,3967.96,3976.40	2457.56,2543.73,2485.90,2491.13
8	4016.23,3975.11,3982.64,3976.20	2583.69,2521.36,2546.52,2495.91
9	3953.49,3969.75,3971.52,3948.97	2405.58,2474.90,2484.50,2416.23
10	4030.18,4053.00,4041.77,4050.68	2518.89,2511.12,2480.72,2472.60
11	4012.73,4010.45,3997.34,4011.00	2535.96,2363.95,2446.02,2537.32
12	4018.71,4033.23,3963.49,4033.72	2588.66,2511.08,2459.15,2443.00
13	3794.19,3797.93,3786.20,3754.78	2346.76,2347.07,2346.71,2379.64
14	3782.42,3701.76,3825.36,3684.56	2281.71,2315.57,2296.87,2346.58
15	3630.22,3795.35,3719.89,3832.25	2370.32,2337.39,2393.44,2311.03
16	3759.87,3681.14,3724.40,3630.77	2366.93,2304.87,2248.12,2441.02
17	3716.29,3784.91,3732.54,3784.91	2269.36,2207.82,2346.93,2256.95
18	3812.54,3885.33,3834.05,385.90	2347.24,2410.10,2336.03,2383.25
19	3625.37,354.66,3664.88,3353.90	2134.54,2248.77,2257.62,2288.50
20	3642.56,3623.95,3787.90,3655.49	2024.62,2174.16,2365.48,2295.41

续上表

序号	P 波波速	R 波波速
21	3579.81,3586.83,3521.47,3586.83	2138.03,2213.00,2194.43,2215.78
22	3733.57,3798.02,3709.95,3793.08	2365.92,2388.19,2356.47,2281.88
23	3875.48,3846.07,3781.81,3891.54	2410.31,2457.39,2329.03,2456.71
24	3778.78,3820.98,3819.35,3823.33	2383.93,2388.30,2322.49,2406.32
25	3570.82,3483.07,3483.07,3486.88	2115.26,2186.12,2207.55,2134.07
26	3471.46,3536.05,3488.50,3503.81	2164.61,2119.00,1914.90,2152.26
27	3489.31,3556.86,3474.83,3545.14	2099.02,2117.12,2162.03,2135.51
28	3625.42,3604.89,3630.22,3557.04	2260.36,2313.51,2198.00,2210.76
29	3670.86,3540.89,3693.88,3528.13	2236.94,2280.98,2230.45,2215.84
30	3662.26,3669.18,3666.90,3663.92	2158.11,2284.02,2253.27,2152.32

同时,根据《混凝土抗压强度回弹法检验技术规范》(JGJ/T 23—2001),对干燥水泥砂浆块进行回弹锤试验。实测抗压强度见表 7-13。

干燥水泥砂浆块回弹锤强度测定结果　　表 7-13

序号	测量强度(MPa)	序号	测量强度(MPa)	序号	测量强度(MPa)
1	30.0	11	31.1	21	39.0
2	33.7	12	31.5	22	37.6
3	35.0	13	36.0	23	29.7
4	31.2	14	31.1	24	33.5
5	29.2	15	33.4	25	43.7
6	42.2	16	33.9	26	32.5
7	27.6	17	32.5	27	36.3
8	38.0	18	33.9	28	37.9
9	38.8	19	38.8	29	37.6
10	32.8	20	38.0	30	33.3

P 波速度、R 波速度和反弹锤试验分别与抗压试验测得的强度绘制在图 7-26、图 7-27 和图 7-28 中。P 波波速、R 波波速与回弹锤试验的相关系数分别为 0.73、0.64、0.34。P 波波速与抗压强度的相关性最高,这表明 P 波法是在这种情况下测量抗压强度的最准确方法。P 波法可以在水面和水下的构件上进行。然而,P 波方法需要超声波脉冲来穿透组件。因此,P 波法可能不适用于较厚或者较重的构件,因为 P 波衰减在胶黏性成分中很严重,特别是在水下。此时,R 波波速与抗压强度的相关系数次高,R 波波速的相关系数(0.64)接近 P 波速度的相关系数(0.73)。因此,R 波波速也是一种测量抗压强度的准确方法。与 P 波法一样,R 波法也可用于水上和水下的构件。同时,R 波仅在构件表面传播,不能穿透整个构件。因此,R 波能沿水下分量传播,衰减比 P 波小,说明 R 波法比 P 波法更适合于较大分量的测试。此外,R 波法只需要一个操作面,在现场测试时比 P 波法更具可行性和灵活性。

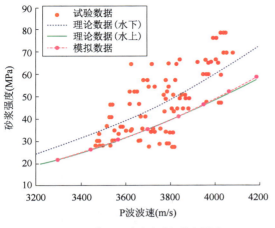
图7-26 使用P波波速进行强度测试

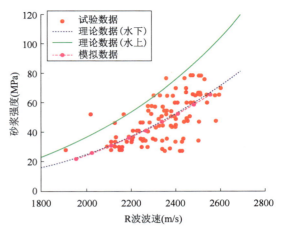
图7-27 使用R波波速进行强度测试

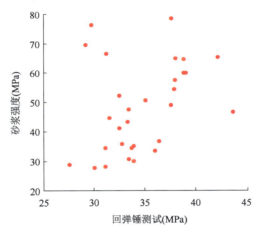
图7-28 使用回弹锤法进行强度测试

回弹锤试验被广泛应用于测试抗压强度,但在此情况下,回弹锤试验与抗压强度相关性最低。更糟糕的是,回弹锤法不适用于水下构件,因为水的存在影响了回弹过程,破坏了回弹与抗压强度的关系。

除抗压强度外,材料的其他特性也会影响波速。本节讨论了水灰比和灰砂比对P波波速和R波波速的影响。水灰比对P波波速的影响如图7-29所示。蓝色曲线表示灰砂比为1.5,红色曲线表示灰砂比为2.0。P波波速与水灰比成反比。水灰比越大,P波波速越小。

灰砂比对P波波速的影响如图7-30所示。蓝色柱状图表示灰砂比为1.5,红色柱状图表示灰砂比为2.0。P波波速与灰砂比成正比。灰砂比越大,P波波速越快。水灰比对R波波速的影响如图7-31所示。蓝色曲线为水灰比为1.5,红色曲线为水灰比为2.0。R波速与水灰比成反比。水灰比越大,P波波速越小。

灰砂比对R波波速的影响如图7-32所示。蓝色柱状图表示灰砂比为1.5,红色柱状图表示灰砂比为2.0。R波波速与灰砂比成正比。灰砂比越大，R波波速越高。式（7-14）和式（7-37）表明，抗压强度与P波和R波波速的四次方成正比。因此，引入系数α和β来修正波速与抗压强度的关系，如式（7-15）和式（7-38）所示。在本节中，系数α和β是根据实验数据采用曲线拟合确定的。测定的α和β见表7-14。为评价拟合优度，误差平方和（SSE）、决定系数（R^2）、自由度调整决定系数（Adj R^2）、均方根误差（RMSE）见表7-14。

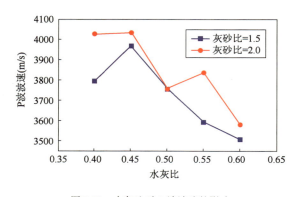

图7-29　水灰比对P波波速的影响

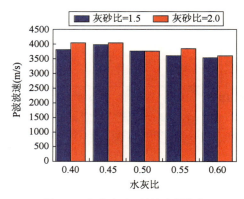

图7-30　灰砂比对P波波速的影响

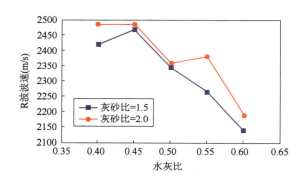

图7-31　水灰比对R波波速的影响

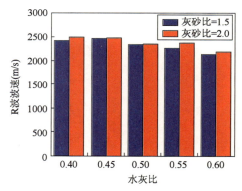

图7-32　灰砂比对R波波速的影响

拟合优度　　　　　　　　　　　　　　　表7-14

系数	SSE	R^2	Adj R^2	RMSE
$\alpha = 2.34 \times 10^{-13}$	1.296×10^4	0.5267	0.5267	10.44
$\beta = 1.54 \times 10^{-12}$	1.582×10^4	0.4223	0.4223	11.53

为了便于比较，在图7-16和图7-17中，水面上各组分的曲线也被绘制为实线。式（7-14）和式（7-69）中的系数α_0和β_0分别计算为1.88×10^{-13}和2.25×10^{-12}，近似$\mu = 0.24$，$\rho = 2400 \text{kg/m}^3$。α和β生成的虚线比$\alpha_0$和$\beta_0$生成的实线更能拟合数据

$$f'_c = 2.34 \times 10^{-13} v_P^4 \tag{7-71}$$

$$f'_c = 1.54 \times 10^{-12} v_P^4 \tag{7-72}$$

修正系数 α_0 和 β_0 后,经验公式比式(7-14)和式(7-69)更接近实验数据。因此,式(7-71)、式(7-72)可将 P 波波速、R 波波速换算为砂浆构件的抗压强度。

本研究采用 P 波波速和 R 波波速来测量水下砂浆构件的抗压强度。采用不同的水灰比和灰砂比配制砂浆块,以获得不同的抗压强度。对试件进行了 P 波和 R 波波速测量、回弹锤试验和压缩试验。可以得到如下结论。

(1)在水下环境下可以测量 P 波波速和 R 波波速。

与回弹锤试验相比,波速与实际抗压强度的相关性更大。

(2)P 波法适用于小型组件,需要两个相对的测试表面;而 R 波法适用于小型和大型组件,需要一个测试表面。

(3)P 波波速和 R 波波速与抗压强度和灰砂比成正比,与水灰比成反比。

(4)计算两个系数 α 和 β 分别为 2.34×10^{-13} 和 1.54×10^{-12},分别表示 P 波波速和 R 波波速的四次方与抗压强度相关度。

同时,有以下问题有待改进:

(1)仿真结果与经验公式和实验结果进行了比较。P 波的模拟曲线接近原始公式曲线,R 波的模拟曲线接近经验公式曲线。这种差异来自水泥砂浆材料微观结构的影响。通过在建模过程中考虑孔隙度和夹杂物,仿真结果与实验数据较为接近。

(2)以 30 个砂浆块为例,得出了经验公式。为了进一步调整经验公式中的系数,需要对更多的试件进行试验。同时,在接下来的研究中还需要考虑试件的尺寸。

(3)混凝土构件比水泥砂浆构件有更广泛的应用,对混凝土材料抗压强度的试验也需要类似的研究。

7.3 桥墩腐蚀及破坏模型验证实验

为了验证本研究提出的腐蚀监测技术、灾变监测技术以及智能检测技术,依据实际工程构件尺寸按比例缩小设计多组钢筋混凝土圆柱试件,设计并安装区域分布长标距光纤应变传感器、电化学多功能腐蚀传感器及配套监测设备,试验材料如图 7-33 所示。通过加速腐蚀试验、推覆破坏试验验证相关的监测和检测技术的有效性。

a)反应池　　　　　　　　　　　b)标定试件

图 7-33

c)直流可调节电源　　　　　　　　d)人工海水化学试剂

图 7-33　试验材料

试验内容包括:在加速腐蚀试验中,将试件置入装有海水的水槽中。对钢筋通电加速锈蚀模拟海洋长期腐蚀环境。一方面,验证区域分布长标距光纤应变传感的抗腐蚀能力及稳定性;另一方面,比对监测测量的腐蚀量和设定的腐蚀量以验证腐蚀监测性能。同时,以电化学多功能腐蚀传感器进行监测,对监测结果进行验证。在推覆破坏试验中,对无腐蚀和腐蚀后的试件分级加载直至破坏。对比无腐蚀和有腐蚀的试件,结合数值模拟计算,一方面验证腐蚀监测结果的可靠性,另一方面验证腐蚀对承载能力的影响。同时,通过几种智能检测技术在水中对混凝土开裂前后进行检测,以验证该技术的有效性。

组装形成反应池(图 7-34),并开展电化学腐蚀试验。

图 7-34　反应池组装(打孔、组装、胶合、晾晒)

在第 1 组试件加速腐蚀试验时(图 7-35、图 7-36),发现将电压加到直流电源额定电压(60V)时,电流依旧维持在较低水平(700mA),后证实是由于反应池漏液导致一部分电压接地流失(图 7-37)。第 4 和第 5 组试件也存在漏液现象,接入电路也会导致电流水平下降,使用玻璃胶二次胶缝后电流回升至正常水平,由此确定原因。

图 7-35　第一反应池组装及试运行

图 7-36　虹吸倒液

a)漏液电流水平　　　　　　　　　　　b)正常电流水平

图 7-37　腐蚀用直流电源

确定电化学大试件（图7-38）内部电路简化方案，试件1破碎、擦洗及第2和第3组反应池运行：

先前钢筋内部电路简化方式为串联,但考虑到最终钢筋暴露点全部置于反应溶液中且电路接出点位只有一个,因此前往试件厂进行电路测试,电路图如图 7-39 所示。

图 7-38 电化学大试件

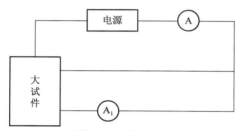

图 7-39 电化学电路图

经测试,干路电流表 A 显示数值为 5.15A,支路电流表 A_1 显示电流为 1.8A 左右,由此确定大试件内部电路不能简化为串联(否则两电流表表显数值应一致)而应简化成并联,进而决定在小试件中取 1A 左右的腐蚀电流(限于直流电源额定电流最大为 7A,大试件中共有 7 个钢筋暴露点)。

加速腐蚀试验完成后的试件如图 7-40 所示,破碎取出钢筋后进行擦洗,擦洗前后的对比见图 7-41。第 2~5 组加速腐蚀试验的反应池如图 7-42 所示。

图 7-40 破碎前

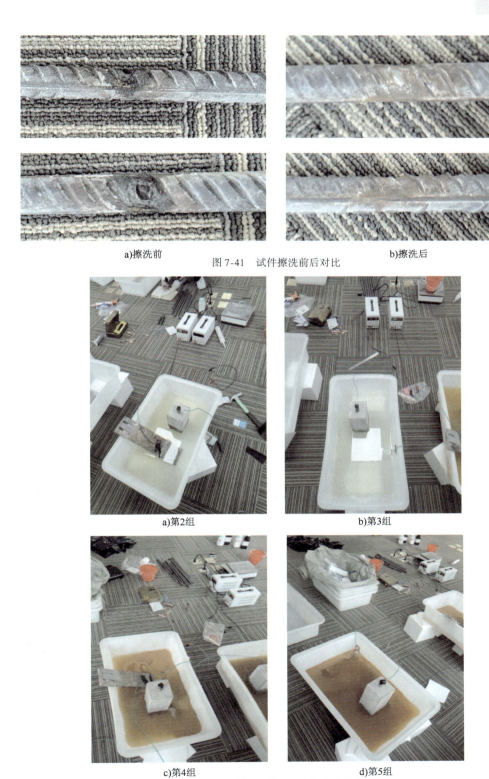

a)擦洗前　　图7-41　试件擦洗前后对比　　b)擦洗后

a)第2组　　b)第3组

c)第4组　　d)第5组

图7-42　第2~第5组试件腐蚀试验

第 2 组反应池完成加速腐蚀试验的试件整体及局部如图 7-43 和图 7-44 所示。

图 7-43　试件 2 整体图

图 7-44　试件 2 局部图

由于腐蚀产物或溶解在溶液中,或堆积在小槽处,所有加速腐蚀反应试件(图 7-45)均未出现锈涨开裂现象。

破碎取出钢筋后对各组钢筋(图 7-46)进行清洗称量,腐蚀区域主要集中在 5mm 小槽周边 2cm 范围内。

图7-45　试件2、试件3、试件4、试件5整体图

图7-46　第2、第3、第4、第5组试件擦洗后的钢筋

从图7-47中可以看出,计算试件2、试件3、试件4、试件5中钢筋的腐蚀率与通电时间基本为线性关系(虚线为拟合的趋势线)。试件4腐蚀率偏低的原因可能是由于在钢筋露出部位堆积了一块较大的腐蚀产物影响腐蚀速率。

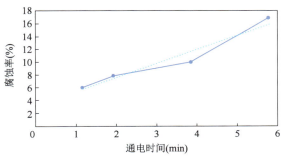

图7-47　小试件腐蚀率与通电时间关系曲线

7.4　本章小结

本章分别介绍了跨海桥梁桥墩病变检测技术,并进行了模型试验和数值模拟,获得了以下结论:

(1)在COMSOL中建立有限元模型,模拟瑞利波在固-液界面的传播,结果表明波速随弹性模量的增大而增大,随密度和泊松比的增大而减小,并建立了解析模型。在室内对不同的物体材料进行固体试验,证明了方法的可靠性。仿真和试验结果均表明,该模型可以为水下结构的无损检测和健康监测提供准确的解析波速。

(2)在室内,依据实际工程构件尺寸按比例缩小设计多组钢筋混凝土圆柱试件,通过加速腐蚀试验、推覆破坏试验,验证了相关的监测和检测技术的有效性。

参 考 文 献

[1] 陈功亮,赵峰.跨海大桥的三种高程控制测量方法[J].测绘通报,2008(12):42-44.

[2] 韦承勋.大型跨海斜拉桥风、浪、流联合作用及动力响应分析[D].大连:大连理工大学,2019.

[3] 陈铁生.钢在各种海洋环境中的腐蚀性[J].钢铁研究情报,1974(3):76-77.

[4] 乔素素.东海海域潮差区及全浸区钢管桩腐蚀性能的试验研究[D].西安:长安大学,2020.

[5] 王乐芹.插入式大直径薄壁圆筒结构承载机理研究与优化设计[D].天津:天津大学,2005.

[6] NOVOKSHCHENOV V. Prestressed bridges and marine environment[J]. Journal of Structural Engineering. 1990,116(11):3191-3205.

[7] LAKSHMI B,SHANMUGAM N E. Nonlinear analysis of in-filled steel-concrete composite columns[J]. Journal of Structural Engineering,2002,128(7):922-933.

[8] PETERSEN T U,SUMER B M,FREDSØE J,et al. Edge scour at scour protections around piles in the marine environment—Laboratory and field investigation[J]. Coastal Engineering, 2015,106:42-72.

[9] 黄泰鑫,原学明,李孟然.永久性钢护筒参与受力的桩基抗震性能研究[J].中外公路, 2015,35(4):196-198.

[10] KISHORE Y N,RAO S N,MANI J S. The behavior of laterally loaded piles subjected to scour in marine environment[J]. KSCE Journal of Civil Engineering,2009,13(6): 403-408.

[11] LI M,ZHANG H,GUAN H. Study of offshore monopile behaviour due to ocean waves[J]. Ocean Engineering,2011,38(17-18):1946-1956.

[12] 欧阳瑰琳,陈历强,刘国波,等.杭州湾跨海大桥海中平台钻孔桩钢护筒变形的分析和处理[J].公路,2007(10):39-44.

[13] 郑海涛,张琦,王建勋.跨海大桥钢护筒沉放施工工艺研究[C].第二届全国地下、水下工程技术交流会,2011.

[14] 王松生,吴永盛,齐云慧,等.泉州湾跨海大桥C50箱梁混凝土配制及性能研究[J].中外公路,2015,35(4):303-304.

[15] 董鹏.高桩深水基础桩基护筒施工动态仿真技术研究[D].天津:天津大学,2007.

[16] 刘建国,汪承志,潘时蕴.大直径钢护筒、钢横撑与钢筋混凝土桩基联合受力的节点力学性状研究[J].水运工程,2013,9:133-137.

[17] 马伟.钢-土界面特性及钢护筒嵌岩桩承载性状研究[D].重庆:重庆交通大学,2013.

[18] 魏文馨,何光春,匡仁钢,等.考虑钢护筒影响的内河框架式码头模态分析[J].中国水运:下半月,2014,14(12):3.

[19] 黄龙华,刘杰文,任旭初.潮汐河段特大型深水钻孔桩基础施工技术[J].桥梁建设,2003(5):55-57.

[20] 王东辉,欧阳克武,赵煜澄.千岛湖大桥钢管混凝土桩栽桩法施工简介[J].桥梁建设,2004(3):50-53.

[21] 高纪兵,何平,何官健,等.苏通大桥北索塔墩大直径超长钢护筒施沉工艺[J].施工技术,2005(增刊):188-191.

[22] DANNO K, KIMURA M. Pile group effect on end bearing capacity and settlement of pile foundation[J]. Japanese Geotechnical Journal,2008,3(1):73-83.

[23] 聂庆科,胡建敏,商卫东.深厚软土地基上振动沉拔钢护筒对周围土体扰动影响的研究[J].岩土工程学报.2008,30(1):5.

[24] CHATZIGIANNELIS I, ELSAYED K, LOUKAKIS K. Foundation engineering of offshore "jacket" structures[C]. Orlando:[s. n.],2009.

[25] 陈玲,穆保岗,汪梅,等.考虑钢护筒效应变截面桩竖向承载力研究[J].江苏建筑,2010(4):51-53.

[26] BASACK S. Analysis and design of offshore pile foundation[J]. Advanced Materials Research,2014,891:17-23.

[27] 张靳,乔兴华,蒋俊辉,等.大连星海湾跨海大桥引桥设计——裸岩区钢护筒捆绑下放法施工技术工艺研究[C].第二十一届全国桥梁学术会议,2014.

[28] 何承海,彭琳琳,Hecheng-Hai,等.嘉绍大桥4.1m超大直径钢护筒施工关键技术[J].中国港湾建设,2015,35(1):55-58.

[29] 张海英,崔然,汪洋.外海使用悬臂导向架沉放钢护筒施工技术[J].公路交通科技:应用技术版,2015(10):1-3.

[30] 毛娟龙,杨磊.东海大桥深水群桩基础防冲刷设计与施工[J].施工技术(中英文),2021,50(15):112-114.

[31] 任森.波浪效应下深水桥梁群桩基础结构形式研究[D].成都:西南交通大学,2018.

[32] 喻志然,宋广君.某深水群桩基础连续梁桥的抗震设计研究[J].交通科技,2016(4):7-9.

[33] 顾颖,巫绪涛,方诗圣,等.基于流固耦合效应的深水群桩基础模态分析[J].应用力学学报,2015,32(5):828-832.

[34] 仇朝珍,王明辉,贺茂生.深水群桩基础施工钻孔平台的应用[J].中国公路,2012(4):118-119.

[35] 杨德斌.桥梁桩基础检测技术与应用研究[J].黑龙江交通科技,2021(10):72-73.

[36] 韦超林.高承台桩基础多测点低应变检测方法分析[J].中国高新科技,2022(17):66-68.

[37] 陈国栋.超声波在混凝土桩基础无损检测中的应用研究[D].武汉:武汉理工大学,2005.

[38] 朱田.基于高应变法的海上钢管桩打桩测试研究[J].水利技术监督,2023(9):174-179.

[39] 王家满.高应变法在基桩承载力检测中的应用分析[J].工程技术研究,2022,7(19):46-48.

[40] 张敏.高应变法检测灌注桩完整性和承载力的注意要点[J].江西建材,2022(8):57-58.

[41] 刘洁.高应变法在水闸基桩抗压承载力检测的应用[J].西部探矿工程,2022(3):16-18.

[42] 闫雷.海洋工程混凝土中钢筋的腐蚀与智能防护研究[D].厦门:厦门大学,2021.

[43] 陈林海.公路桥梁混凝土中钢筋腐蚀检测方法探讨[J].工程建设与设计,2020(19):214-215.

[44] 侯静.混凝土中钢筋的腐蚀防护技术研究[J].全面腐蚀控制,2022,36(9):103-105.

[45] 朱海威,余红发,麻海燕.阻锈剂对海洋环境下混凝土中钢筋腐蚀影响的电化学研究[J].东南大学学报(自然科学版),2020,50(1):109-119.

[46] 国家标准《建筑抗震设计规范》(2016年版)局部修订通过审查[J].工程建设标准化,2022(4):23.

[47] 沈文煜.深水基础超长钢板桩围堰受力特点及优化设计研究[D].南京:东南大学,2020.

[48] 杨晓明,韦国志,查庆,等.桥墩基础病害水下检测方法的对比与应用[J].公路与汽运,2019(5):128-132.

[49] 韦国志,王之俊.桥梁基础病害的水下检测与实例分析[J].广东建材,2018,34(10):48-51.

[50] 李运生,张彦玲.明石海峡大桥的监测[J].世界桥梁,2002(3):52-54.

[51] 蔡国宏.明石海峡大桥营运阶段监控和养护新技术[J].中外公路,2002(3):45-48.

[52] 白志娟.桥梁基础变位监测技术研究与应用分析[D].大连:大连理工大学,2019.

[53] 杨勇,吕国栋,王洪志,等.浅谈既有桥梁基础不均匀沉降实时监测系统的开发[J].甘肃科技,2013,29(9):104-105.

[54] 刘强.波流作用下海上施工栈桥承载性能评估及可靠度分析[D].成都:西南交通大学,2020.

[55] 覃勇刚.杭州湾跨海大桥南岸超长栈桥设计研究[D].南京:东南大学,2006.

[56] 李沙沙.钢栈桥的健康检测与安全性评价[D].大连:大连理工大学,2005.

[57] 王东辉,张立超.平潭海峡公铁两用大桥栈桥设计[J].桥梁建设,2015,45(4):1-6.

[58] 宋伟峰,刘国波,苏高峰.海上栈桥设计与施工[J].公路,2006(3):105-109.

[59] 姜枫,朱艳峰.特大钢栈桥海上施工结构承载力研究与方案设计[J].铁道科学与工程

学报,2018,15(6):1487-1493.

[60] 刘涛,艾晓东.杭州湾跨海大桥南岸栈桥设计及施工方案[J].石家庄铁道学院学报,2004(S1):66-69.

[61] 蔡田,吴凯军.跨海大桥装配式栈桥结构设计与施工[J].城市道桥与防洪,2013(7):113-116.

[62] 于鸿明,乔光,张晓晗.锚杆嵌岩桩在海上施工栈桥工程中的设计与应用[J].港工技术,2014,51(4):34-37.

[63] 刘红彪,李宏男.超期服役大跨海港钢栈桥结构动力特性测试分析与安全评估[J].振动与冲击,2016,35(7):62-68.

[64] WANG H, CHENG M H. Research on static and dynamic performance of large-span steel trestle[J]. Advanced Materials Research,2013,671:1002-1006.

[65] 张劲明.跨海施工栈桥稳定性研究[J].科技创新导报,2013(13):108-112.

[66] 李霞,孙芦忠,尹洪波,等.风速与波高对单跨高架栈桥位移响应的影响[J].解放军理工大学学报(自然科学版),2011,12(2):172-177.

[67] 冯燕平,鲍军岗,杨辉.洪水期钢栈桥横向稳定性分析[J].西部交通科技,2012(6):50-53.

[68] 胡海刚,丁文胜,朱克强.杭州湾跨海大桥栈桥钢管桩涡激振动研究[J].中国水运:学术版,2006,6(6):125-127.

[69] 严梓榕.沿海钢结构栈桥的腐蚀安全评定研究[D].哈尔滨:哈尔滨工业大学,2016.

[70] 王述良,梁枢果,邹良浩,等.基于测力天平风洞试验的大跨封闭式输煤栈桥风荷载分析[J].特种结构,2013,6(5):54-59.

[71] 宋璨,姚继涛,赵花静,等.预应力钢管混凝土组合桁架抗震性能的理论分析[J].世界地震工程,2016,32(4):97-104.

[72] 尹洪波,孙芦忠,李霞,等.高架栈桥断面气动导数的数值识别[J].解放军理工大学学报:自然科学版,2009(1):87-90.

[73] 孙平宽.海洋环境桥梁桩基钢护筒设计与施工技术研究[D].西安:长安大学,2016.

[74] HUANG W, XIAO H. Numerical modeling of dynamic wave force acting on Escambia Bay Bridge deck during Hurricane Ivan[J]. Journal of waterway, port, coastal, and ocean engineering,2009,135(4):164-175.

[75] PADGETT J, DESROCHES R, NIELSON B, et al. Bridge damage and repair costs from Hurricane Katrina[J]. Journal of Bridge Engineering,2008,13(1):6-14.

[76] HAYATDAVOODI M, CENGIZ ERTEKIN R. Review of wave loads on coastal bridge decks[J]. Applied Mechanics Reviews,2016,68(3):30802.

[77] BULLOCK G N, CRAWFORD A R, HEWSON P J, et al. The influence of air and scale on wave impact pressures[J]. Coastal Engineering,2001,42(4):291-312.

[78] CUOMO G, SHIMOSAKO K, TAKAHASHI S. Wave-in-deck loads on coastal bridges and

the role of air[J]. Coastal Engineering,2009,56(8):793-809.

[79] CUOMO G, TIRINDELLI M, ALLSOP W. Wave-in-deck loads on exposed jetties[J]. Coastal Engineering,2007,54(9):657-679.

[80] BEA R G,XU T,STEAR J,et al. Wave forces on decks of offshore platforms[J]. Journal of waterway, port, coastal, and ocean engineering,1999,125(3):136-144.

[81] JIN J,MENG B. Computation of wave loads on the superstructures of coastal highway bridges[J]. Ocean Engineering,2011,38(17-18):2185-2200.

[82] XU G, CAI C S, HAN Y, et al. Numerical assessment of the wave loads on coastal twin bridge decks under stokes waves[J]. Journal of Coastal Research,2018,34(3):628-639.

[83] XIAO H,HUANG W,CHEN Q. Effects of submersion depth on wave uplift force acting on Biloxi Bay Bridge decks during Hurricane Katrina[J]. Computers & Fluids,2010,39(8):1390-1400.

[84] CHEN Q,WANG L,ZHAO H. Hydrodynamic investigation of coastal bridge collapse during Hurricane Katrina[J]. Journal of Hydraulic Engineering,2009,135(3):175-186.

[85] GUO A, FANG Q, BAI X, et al. Hydrodynamic experiment of the wave force acting on the superstructures of coastal bridges[J]. Journal of Bridge Engineering,2015,20(12):4015012.

[86] SEIFFERT B, HAYATDAVOODI M, ERTEKIN R C. Experiments and computations of solitary-wave forces on a coastal-bridge deck. Part I:Flat plate[J]. Coastal Engineering,2014,88:194-209.

[87] HAYATDAVOODI M,SEIFFERT B,ERTEKIN R C. Experiments and computations of solitary-wave forces on a coastal-bridge deck. Part II:Deck with girders[J]. Coastal Engineering,2014,88:210-228.

[88] BRADNER C,SCHUMACHER T,COX D,et al. Experimental setup for a large-scale bridge superstructure model subjected to waves[J]. Journal of Waterway, Port, Coastal, and Ocean Engineering,2011,137(1):3-11.

[89] LU D, CUI S, SONG P, et al. Robustness assessment for progressive collapse of framed structures using pushdown analysis methods[J]. International Journal of Reliability and Safety,2012,6(1-3):15-37.

[90] 欧进萍,肖仪清,刘学东,等.导管架式海洋平台结构极限承载力分析的整体推进法及其软件[J].海洋工程,1999,17(3):1-10.

[91] MWAFY A M,ELNASHAI A S. Static pushover versus dynamic collapse analysis of RC buildings[J]. Engineering structures,2001,23(5):407-424.

[92] 汪大绥,贺军利,张凤新.静力弹塑性分析(Pushover Analysis)的基本原理和计算实例[J].世界地震工程,2004,20(1):45-54.

[93] GOLAFSHANI A A,BAGHERI V,EBRAHIMIAN H,et al. Incremental wave analysis and its application to performance-based assessment of jacket platforms[J]. Journal of Constructional

Steel Research,2011,67(10):1649-1657.

[94] 黄超,刘康,朱本瑞,等.极端波浪载荷下导管架平台抗倒塌性能评估[J].中国石油大学学报(自然科学版),2014,38(3):141-147.

[95] WEI K,ARWADE S R,MYERS A T. Incremental wind-wave analysis of the structural capacity of offshore wind turbine support structures under extreme loading[J]. Engineering Structures,2014,79:58-69.

[96] 祝周杰.海上风机四桩导管架基础群桩效应与循环效应试验研究[D].杭州:浙江大学,2017.

[97] 李涛.近海风机导管架基础水平受荷特性研究[D].杭州:浙江大学,2015.

[98] 嵇春艳,薛洪志.腐蚀和裂纹损伤下海洋平台极限强度试验研究[J].造船技术,2014(4):13-19.

[99] LIGNOS D G,KRAWINKLER H. Deterioration modeling of steel components in support of collapse prediction of steel moment frames under earthquake loading[J]. Journal of Structural Engineering,2011,137(11):1291-1302.